高职院校体育类专业人才培养模式研究

王克旭　曹　婷◎著

吉林人民出版社

图书在版编目（CIP）数据

高职院校体育类专业人才培养模式研究／王克旭，
曹婷著. -- 长春：吉林人民出版社，2024.9. -- ISBN
978-7-206-21435-6

Ⅰ. G807. 4

中国国家版本馆 CIP 数据核字第 2024NJ3295 号

高职院校体育类专业人才培养模式研究
GAOZHI YUANXIAO TIYU LEI ZHUANYE RENCAI PEIYANG MOSHI YANJIU

著　　者：王克旭　曹　婷

责任编辑：田子佳　　　　　　封面设计：李　杰

吉林人民出版社出版发行（长春市人民大街 7548 号　邮政编码：130022）

印　　刷：唐山唐文印刷有限公司

开　　本：787mm×1092mm　　　1/16

印　　张：13　　　　　　　字　　数：220 千字

标准书号：ISBN 978-7-206-21435-6

版　　次：2025 年 4 月第 1 版　　印　　次：2025 年 4 月第 1 次印刷

定　　价：72.00 元

PREFACE 前 言

在本书《高职院校体育类专业人才培养模式研究》中，我们旨在深入探讨和分析高职院校体育专业的人才培养机制，并提出创新的教育模式，以适应当前和未来社会对体育专业人才的需求。随着社会发展和技术进步，体育教育的范畴和要求不断扩展和提高，传统的教学模式已难以满足多元化的教育需求，故本书的意义和目的尤为重要。

本书的编写背景基于对现有高职院校体育教育模式的分析，旨在通过实证研究和理论探讨，揭示当前模式的不足，并针对性地提出创新的培养方案。通过对国内外体育教育的现状和趋势进行广泛研究，我们试图构建一套更加科学、实用且高效的体育人才培养体系，从而更好地促进学生的全面发展和职业技能的提升。

本书共七章，内容涵盖体育专业人才培养的理论基础、实践探索以及创新模式等方面。第一章介绍研究的背景、意义及目标与问题；第二章和第三章分别论述理论基础与高职院校体育教育的具体教学实践；第四章至第六章详细探讨了现有的人才培养模式及其创新方案；第七章则专注于现代信息技术在体育类专业人才培养中的应用。

希望本书能为高职院校体育教育领域的学者、教育工作者以及政策制定者提供有价值的参考和启示，共同推动体育教育的发展和进步。我们也期待本书能激发更多的教育创新和实践改革，为培养更多高素质的体育专业人才贡献力量。

王克旭 曹 婷

2024 年 6 月

CONTENTS 目 录

第一章 引言

第一节 研究背景与意义

随着经济社会的发展和人民生活水平的提升，公众对体育健康的需求日益增长，这不仅推动了体育产业的快速发展，也对体育专业人才的培养提出了更高要求。高职院校作为中国高等教育体系中的重要组成部分，承担着培养实用技术技能人才的重任。体育类专业作为高职院校的重要专业之一，其人才培养模式和教育质量直接影响毕业生的就业质量和体育产业的发展。然而，当前高职院校体育类专业在人才培养过程中存在诸多挑战和问题，如教育模式相对单一、实践教学与行业需求脱节、师资力量和教学设施不足等。这些问题严重制约了体育专业人才的培养质量和效果，也影响了毕业生的职业发展和体育行业的健康发展。

一、研究背景

（一）经济社会发展与体育健康需求增长

随着中国经济的快速增长和社会发展，公众生活水平的显著提高带来了健康意识的普遍提升。经济增长不仅增加了人们的可支配收入，而且改变了公众的生活方式和价值观。这种变化促使更多人开始关注个人健康，并寻求更高质量的生活，其中，体育活动成为提高生活质量的重要方式之一。健康成为现代人追求的一种生活状态，体育活动作为实现这一状态的有效手段，其重要性日益凸显。

公众对体育活动的需求呈现出多样化和个性化的趋势。从传统的健身房锻炼到户外极限运动，从团体竞技到个人休闲运动，人们对体育活动的参与变得更加广泛和深入。这种趋势不仅体现在日常生活中，也反映在对体育赛事的关注与参与上。例如，马拉松、足球、篮球等体育赛事吸引了大量观众和业余参与者，体育活动已成为人们社交和休闲的重要组成部分。

与此同时，体育产业的迅猛发展对专业人才提出了更高要求。随着体育产业链的延伸和深化，从体育教育、专业训练到赛事组织、市场营销、体育设施管理等各个环节均需大量专业人才。体育产业的多元化发展带来了对体育专业技能和管理能力双重要求的人才。因此，高职院校作为专业人才的培养基地，其体育类专业的教育模式和质量直接关系到毕业生能否满足体育产业发展的需求。

综上所述，经济社会的发展不仅推动了公众对体育健康需求的增长，也促进了体育产业的快速发展，从而为高职院校体育类专业人才培养带来了新的挑战和机遇。

（二）高职教育在体育人才培养中的角色

1. 高职院校在高等教育体系中的定位

高等职业教育（高职）在中国教育体系中扮演至关重要的角色，其主要任务是培养具备实用技能和技术的专业人才，以满足国家工业、服务业和地方经济发展的需求。高职院校侧重为学生提供与行业密切相关的技术和实践技能教育，强调知识与实际应用的结合，使学生毕业后迅速适应职场需求，提高就业率。这种教育模式与传统的学术型教育不同，更注重职业技能的培养与实际工作经验的积累。

在课程设置和教学方法上，高职院校通常采用理论与实践相结合的方式，设有现代化的实验室和实训基地，与企业合作，进行工学交替培养，以确保教学内容与职场实际相匹配。例如，学生在学习期间将有机会参与实际项目，实习与企业实际运作紧密结合，从而更好地理解理论知识的应用。

此外，高职教育还注重软技能的培养，如团队合作、沟通技巧和解决问题的能力，这些都是当今职场环境中不可或缺的技能。通过这样的教育模式，学生不仅能学习专业技能，还能发展全面的职业素养，增强就业竞争力。

为了适应经济发展的新需求，高职院校也在不断创新教学内容和方法，引入新技术、新理念，如人工智能、大数据等前沿技术的应用，使教育内容始终保持时代前沿性和行业相关性。这种教育的灵活性和应用性，使高职教育在中国乃至全球的教育领域占据了独特的、重要的位置。

2. 高职院校承担的人才培养任务及其重要性

高职院校的教育重点是培养学生的职业技能和职业道德，为他们直接进入劳动力市场做好准备。在体育领域，这意味着不仅要教授体育知识和技能，还包括组织体育活动、体育营销、体育设施管理等实用技能的培养。这种职业教育的重要性在于能直接响应体育行业的人力资源需求，为体育产业输送实战能力强、理论与实践结合紧密的专业人才。

为了更有效地实施这一教育目标，高职院校通常会与体育行业的企业和组织建立密切的合作关系。这些合作伙伴可以提供实习机会，使学生在学习期间就获得宝贵的行业经验。例如，学生可能会参与大型体育赛事的组织与运营，或者在体育俱乐部进行日常管理和营销工作。

在课程设计上，高职院校会结合最新的体育科技，如智能运动设备的使用、体育数据分析等领域，使学生掌握当前和未来体育市场的关键技术。同时，课程会涵盖运动心理学、体育伦理学等，以全面提高学生的职业素养和道德判断能力。

此外，高职教育强调团队合作和领导力的培养，这对于体育领域尤为重要。通过团队项目和领导力训练，学生能够在实际工作中更好地发挥协作和领导作用，为体育行业的发展做出贡献。

总之，高职院校在体育教育领域的努力，不仅提供了与行业需求直接对接的专业技能培训，还致力于培养学生的综合职业素质，以确保他们在竞争日益激烈的体育行业占据一席之地。

（三）体育类专业在高职教育中的地位和作用

在高职教育体系中，体育类专业是连接教育与体育产业需求的重要桥梁。随着社会对健康生活方式的日益重视和全民健身运动的推广，体育专业的社会需求显著增加。高职院校通过提供体育教育和训练，不仅培养了能够指导、训练和管理各类体育活动的专业人才，也为促进公众健康、提升体育竞技水平和推动体育产业的多元化发展做出了贡献。这一教育方向的强化，体现在多方面的课程设置与实践机会上。高职院校的体育课程通常包括体育理论、体育教育方法、运动训练、体育管理等，同时结合营养学、运动心理学等交叉学科的知识。此外，实践教学在课程中占有极其重要的位置，学生有机会参与体育活动的组织与实施，如校园体育赛事、社区健身活动等。

随着体育行业的不断发展，体育营销、体育旅游、体育信息技术等新兴领域也逐渐被纳入课程。这些课程旨在拓宽学生的视野，使他们在体育产业链的不同环节中发挥作用，如成为体育活动策划者、体育设施管理人员或体育媒体专家。为了进一步提高教育质量和满足行业需求，许多高职院校还与体育机构和企业建立了合作关系，提供实习和就业机会，这不仅帮助学生了解了体育行业的实际需求，还增强了他们的职业技能和就业竞争力。

总之，高职教育中的体育专业不仅响应了社会对健康生活方式的需求，也为体育产业的发展培养了一批具有高度专业技能和实践能力的人才。通过这种教育，学生能够在体育行业找到自己的位置，为社会的健康发展和体育事业的进步做出贡献。

此外，体育专业的学生通过参与组织和管理学校及社区的体育赛事与活动，获得了宝贵的实践经验，这不仅增强了他们的职业技能，也加深了他们对体育行业运作模式的理解。因此，体育专业在高职教育中的地位是不可或缺的，它在培养专业技能的同时，承载着推广体育文化、增强国民体质和促进社会和谐的重要使命。通过这些实践活动，学生不仅能学习如何策划和执行大型体育事件，还能了解运动赛事管理的复杂性，包括预算控制、团队协调、公共关系和危机管理等多方面的技能。这些经验能够让他们在未来的职业生涯中更加灵活和高效地应对各种挑战。高职院校的体育专业也强调跨学科学习，使学生整合营销、媒体、公共卫生等相关领域的知识，全面提升自己作为体育专业人士的能力。此外，通过与地方体育机构和企业的合作，学生有机会参与更广泛的社区服务，如健身指导、青少年体育培养以及老年人体育活动，这些都大大丰富了他们的实践经验和增强了他们的社会责任感。教育机构与体育行业的紧密合作不仅为学生提供了实习和就业的机会，还帮助他们建立起职业网络，这对他们未来的职业发展至关重要。同时，这种合作促进了体育专业教育与市场需求之间的对接，确保教育内容的实时更新和专业技能的相关性。

最终，体育专业学生的教育和培训，不仅仅是学习体育技能，更是在学习如何通过体育活动增进社会的整体福祉。这样的教育理念确保了体育专业在高职教育体系中的核心价值和独特地位，使其成为培养集健康、活力与社会责任感于一身的未来社会成员的重要平台。

综上所述，高职院校在体育人才培养中的角色至关重要，通过实施与行业紧密相关的教育和训练，高职教育不仅满足了体育行业的专业人才需求，也促进了体育产业的持续发展和社会体育文化的普及。

二、高职体育专业人才培养的现状

(一) 课程内容

当前高职体育专业的教育模式特别强调实践技能的培养与理论知识的应用，目标是培养既具备专业实践能力又具有良好职业素养的体育行业人才。这种教育模式的核心特点在于理论与实践的紧密结合，旨在通过实际操作和案例分析深化学生对体育学科的理解和应用能力。

在课程设置上，高职体育专业不仅包括体育科学、体育教育、体育管理等传统领域，还根据体育行业的发展趋势，逐步融入体育营销、体育媒介、运动心理学等现代体育科学的内容。这种课程设计使教育内容非常全面，能够满足体育行业不断变化的新需求。

例如，体育营销课程可能教授学生如何使用数字工具进行市场分析和推广，体育媒介课程则可能聚焦于媒体传播和数字内容的创建，而运动心理学课程则帮助学生理解运动员的心理状态和提高运动表现的策略。通过这些课程，学生不仅能学习体育领域的基础知识和技能，更能掌握与体育相关的跨学科知识，这对于未来的职业生涯极其有益。

此外，高职体育专业的教育模式还大量采用实践教学方法，如实地访问、项目实训和行业实习，这些都极大增强了学生的职业能力和就业竞争力。这种以实践为导向的教学方法不仅有助于学生将理论知识应用到实际工作中，也使他们更好地适应未来的职场环境，成为体育行业中的复合型人才。

(二) 教学方法

在教学方法上，高职体育专业采取了一系列与行业实践紧密结合的策略，以确保学生在真实或模拟的工作环境中有效学习和应用体育知识。这些教学方法主要包括案例教学、模拟实训以及企业实习等，旨在通过实际操作增强学生的专业技能和实际应对能力。案例教学通常涉及体育事件的策划、管理以及评估，通过分析真实的体育案例，学生可以深入了解体育行业的具体运作。此外，模拟实训允许学生在控制的环境中模拟体育活动的各个阶段，从而学习如何处理可能出现的各种情况。这种教学方法不仅增强了学生的理论知识水平，更提供了实际操作的技能训练。

更重要的是，高职院校通常与体育企业和机构建立合作关系，为学生提供实习机会。这种直接参与专业体育活动的经验对学生的职业发展极为有利。例如，学生可以在体育俱乐部、体育赛事公司或健身中心进行实习，参与日常运营、赛事组织、市场营销等实际工作。通过这种方式，学生不仅能将在课堂上学到的理论知识应用到实践中，还能获得宝贵的行业经验和职业技能。

通过组织学校体育赛事，学生可以从实际操作赛事的策划、执行到评估全过程中得到锻炼，这种经历能够使他们深刻理解体育活动的组织与管理流程，提升其项目管理和团队协作能力。这些实践经验极大丰富了学生的职业技能，为他们将来在体育行业中的就业和职业发展奠定了坚实的基础。

（三）教育质量

教育质量对毕业生的就业和职业发展具有深远的影响。高质量的体育专业教育通过提供广泛的实习机会和多元的就业渠道，极大增强了毕业生在就业市场上的竞争力。在校期间，学生通过参与实习和实践活动，积累了丰富的实际工作经验，这些经验是他们职业生涯中不可或缺的资本。例如，那些具备实际赛事组织经验的学生，已经熟悉赛事的策划、执行与管理，因此更容易得到体育赛事公司的青睐。

此外，高职教育中对专业知识和技能的扎实训练为毕业生提供了持续发展的基础。这种教育不仅涵盖体育领域的核心知识，还包括解决问题、团队合作、技术适应等关键技能的培养，使毕业生有效地适应职场的不断变化和技术革新。例如，随着信息技术在体育领域的广泛应用，具备数字技能的体育专业毕业生能够在数据分析、在线体育营销等新兴领域找到更多机会。

综上所述，高职体育专业教育的质量直接影响学生的就业前景和职业成长路径。通过不断优化课程设计、加强实践环节，并与体育行业的实际需求保持紧密的联系，高职院校能够为学生提供必要的资源和支持，帮助他们在未来的体育行业中发挥重要作用，实现职业生涯的成功。

高职体育专业的教育模式和质量直接关系到学生的就业前景和职业成长。通过不断优化教育内容和教学方法，以及加强与体育行业的联系，高职院校能够为体育行业培养出更多优秀的专业人才，同时为学生的个人发展提供坚实的基础。

（四）高职体育专业面临的挑战

尽管高职体育专业为体育行业培养了大量专业人才，但该领域仍面临着一系列挑战，这些挑战可能影响教育质量和学生的职业发展。

首先，教育模式的单一性是高职体育专业中一个不容忽视的问题。传统的教学方法往往过于侧重理论知识的传授，缺乏足够的实践和创新教学元素。这种单一的教育模式可能导致学生在实际工作中难以应用所学的知识，因为他们缺少解决实际问题的经验和能力。此外，这种教育模式也难以激发学生的学习兴趣和创新思维，影响其综合职业能力的发展。

其次，实践教学与行业需求之间的脱节是一个显著的挑战。虽然高职院校强调实践教学的重要性，但实际上，很多教学活动与当前体育行业的实际需求存在一定的差距。例如，一些课程内容可能已经过时，不符合体育行业新的技术应用和市场需求，如数字化体育营销、现代体育设施管理等。这种脱节可能导致毕业生在进入职场后发现自己的技能不足以满足企业的需求。

最后，师资力量和教学设施的不足严重影响了高职体育专业的教育质量。在一些高职院校中，优秀的体育教师相对稀缺，且教师的行业经验和教学方法可能不够现代化。此外，教学设施的陈旧和资源的不足也限制了教学的质量和效果。缺乏先进的体育设施和技术设备意味着学生不能充分接触到最新的体育科技和训练方法，这在一定程度上削弱了学生的学习效果和职业准备。

综上所述，高职体育专业虽然在培养体育人才方面发挥了重要作用，但仍需面对教育模式单一化、实践教学与行业需求脱节以及师资力量和教学设施不足等挑战。针对这些问题采取有效的改革和策略，将对提升教育质量和学生职业能力产生关键影响。

（五）对高职体育专业人才培养的前瞻性思考

为了提升高职体育专业的教育质量并满足体育行业不断变化的需求，必须对现有的教育模式和教学资源进行深入的创新和改革。以下是一些前瞻性的思考和策略，旨在推动体育专业人才培养的发展。

1. 探讨必要的教育模式创新

首先，教育模式的创新是提升教育质量的关键。高职体育专业应采用更灵活和多元的教学策略，例如，引入基于项目的学习和翻转课堂模式，让学生在解决实际问题的过程中学习和应用知识。此外，可以增加模拟虚拟现实体育教学，通过技术手段模拟体育赛事管理或体育训练环境，以增强学生的实践经验和技术应用能力。

2. 提出解决实践教学与行业需求脱节的策略

针对实践教学与行业需求脱节的问题，高职院校应定期与体育行业的企业和专业人士进行沟通，以确保课程内容的实时更新和相关性。引入行业专家作为兼职教师或讲座嘉宾，可以直接将最新的行业知识和技术引入课堂。同时，加强校企合作，学生的实习机会，将实习质量作为教育成效的一部分，以确保学生在真实工作环境中学习到有效的职业技能。

3. 解决师资和教学设施问题

改善师资力量是提升教育质量的另一个重要方面。高职院校应通过提供竞争性的薪酬、职业发展机会和定期的职业培训吸引和保留优秀教师。此外，教师的培训应包括最新的教学方法和技术，以便他们能够更有效地传授知识和技能。

在教学设施方面，高职院校应投资于先进的体育设施和教学技术，如智能健身设备、运动科学分析工具等，这些都是提升教学效果和学生学习体验的关键。同时，可以考虑建立更多的校外教学基地，如与当地体育俱乐部和训练中心合作，为学生提供更多的实践学习场所。

通过这些前瞻性的思考和策略，高职体育专业可以更好地适应未来的教育需求和行业发展，为体育行业培养出更多具备高度专业技能和良好职业素养的人才。

三、研究意义

本书旨在深入分析高职院校体育类专业的人才培养模式，通过对现有教育模式进行批判性评估，探索更加科学、高效的培养策略。本书将聚焦于以下几个方面的改革和创新。

（一）教育模式创新

为适应新时代体育人才的培养需求，高职院校需结合现代教育理念和技术，创新体育教育的教学内容和方法。这包括采用混合学习模式，结合在线教育资源和实体课程，利用虚拟现实和增强现实技术来模拟体育训练和比赛场景，从而提供更加互动和现实的学习体验。此外，教育内容应更加注重培养学生的创新思维和解决问题的能力，例如，通过项目基础学习方法，让学生主导实际的体育项目，以培养其项目管理能力和团队协作技能。

（二）校企合作

探索校企合作模式，通过与体育企业和机构的深度合作，不仅可以使教学内容与实际工作需求保持一致，还可以为学生提供参与实际工作的机会。例如，高职院校可以与体育公司合作开展实习项目，让学生在专业体育赛事组织、体育市场营销或体育设施管理等领域获得第一手经验。这种合作不仅可以提高学生的实际工作能力，也可以增强其就业竞争力。

（三）师资和设施建设

当前高职院校体育专业师资和教学设施的不足限制了教育质量的提升。为此，学校应积极引进具有行业经验的教师，并定期组织师资培训，以更新其教学方法和专业知识。同时，学校应投资升级教学设施，比如，建设现代化的体育训练基地，引入先进的运动科学分析设备，以提升学生的学习体验和运动表现。

（四）课程体系优化

优化课程设置是提升教育质量的关键。高职院校应调整课程结构，强化专业技能与通识教育的融合。这意味着除了专业技能训练，还应加强运动体育伦理学、运动心理学、公共健康等相关课程的教学，以培养学生的批判性思维、伦理判断和社会责任感。通过这样的课程体系，学生能够在体育领域以外的广泛场景中应用其知识和技能，从而成为更全面的人才。

本书的意义在于为高职院校体育类专业的教育改革提供理论依据和实践指导，有助于提升人才培养质量，满足体育产业发展的实际需求，促进学生的全面发展，为体育行业输送更多高素质、技能型人才。这不仅有助于推动高职教育的发展，也对整个体育产业的持续健康发展具有重要影响。

第二节　国内外研究现状分析

高职院校体育人才培养在当前社会发展和人才培养体系中占据极其重要的地位。随着全民健身运动的推广和体育产业的迅猛发展，社会对体育专业人才的需求日益增加。高职院校作为专业人才培养的重要基地，其在体育教育方面的作用不容忽视，既关系到学生的职业发展，也影响到整个体育行业的持续进步和创新。

本书的背景在于观察到当前高职体育教育在实际操作和理论教育的融合、与行业需求的对接以及教育模式的创新方面存在一定的挑战。这些挑战不仅影响了学生的就业率和职业发展，还可能制约体育行业的整体发展。因此，本书旨在深入分析高职体育人才培养的现状，探索有效的教育模式，并提出创新的教育策略，以期提升教育质量，更好地满足行业需求。

一、国内高职体育人才培养的研究现状

在中国，高职体育人才培养已成为教育政策和实践的重要组成部分，随着体育产业的持续增长和对专业人才需求的扩大，这一领域的教育策略和方法也在不断演进。

（一）国内教育政策和体育人才培养方案的概述

中国的高职教育政策强调对技术技能教育的支持，体育人才培养方案也随之设立，旨在培养符合现代体育行业需求的专业技能与理论知识相结合的人才。政府部门经常更新相关政策，以推动体育教育的质量提升和教育资源的优化配置。例如，近年来推出的"健康中国2030"计划，就明确提出了健全体育人才培养体系，优化体育教育结构的目标。

（二）现有教育模式和教学方法的评估

目前，国内高职体育教育普遍采用的教育模式包括理论授课与实践操作相结合，但仍以传统的课堂教学为主。这种模式在提供基础体育知识方面效果显著，但在培养学生的创新能力和解决实际问题的能力方面仍有不足。同时，虽然部分院校尝试引入现代教育技术如模拟训练、视频分析等，但大规模应用尚未普及。

（三）校企合作和实践教学的发展趋势

为了提高教育质量和就业率，越来越多的高职院校正在探索与体育企业的校企合作模式。这种合作通常包括共建实训基地、企业实习、职业技能认证等方面，不仅为学生提供了实际工作经验，也使教学内容和企业需求更紧密地对接。例如，通过与职业足球俱乐部合作的体育管理课程，学生可以直接参与俱乐部的日常运营，从而更好地理解理论与实践的结合。

（四）国内研究中常见的挑战和不足

尽管有所进步，国内高职体育教育仍面临一些挑战，包括教育资源分配不均、师资力量不足、更新教育设施的资金压力等。此外，教育内容与国际标准及新兴体育行业趋势的脱节也是一个突出问题。这些挑战限制了教育质量的提升和学生能力的全面发展。

二、国外高职体育人才培养的研究现状

国外的高职体育教育在方法和实践上呈现出多样性和创新性，一些发达国家在这方面的探索为国内高职体育教育提供了宝贵经验。

（一）主要国家的教育模式介绍

1. 美国

美国的体育教育系统以其实用性和多样性而著称，提供从体育管理到运动科学等广泛的课程。这种教育模式特别强调学生的全面发展，不仅涵盖体育技能的提升，还包括领导力训练和团队合作能力的培养，使学生在多种环境中展现出色的交际和协作能力。

此外，美国高职院校体育教育的另一个显著特点是其跨学科的教学方法。体育课程常与商业学、科技、医学等领域进行交叉融合，例如，运动营销课程可能会教授市场调研和广告策略，而运动医学课程则涉及运动员的健康管理和伤害预防。这种交叉学科的教育模式不仅为学生提供了理解复杂问题的多角度视野，也增强了他们在现代就业市场中的竞争力。

这种综合性的教育方式促进了学生能力的多方位发展，使他们更好地适应快速变化的工作环境和生活场景。学生通过参与设计和实施实际项目，如社区体育活动或校际比赛，可以实际应用他们在课堂上学到的理论知识，从而加深理解并提高实际操作能力。这样的实践经验不仅增强了学生的职业技能，还激发了他们对体育领域的热情和创新精神。

2. 德国

德国的职业教育系统以其严谨和系统性著称，体育教育也不例外。在这个体系中，

德国高职院校通常与体育俱乐部和商业机构进行紧密合作，实施一种结合理论与实践的教学模式。这种模式特别强调实践教学和学徒制的重要性，确保学生在真实的工作环境中学习和应用他们的技能。

在德国，体育学生通常参与各种实习和学徒项目，这些项目由学校与本地体育俱乐部、健身中心以及体育相关企业共同设计和监督。通过这种方式，学生不仅能获得宝贵的行业经验，还能在专业的环境中实践自己在课堂上学到的理论知识。这种教育模式极大提高了学生的职业准确度，为他们未来的职业生涯打下了坚实基础。

此外，德国体育教育中的学徒制允许学生在完成学业的同时，获得相应的职业资格证书。这是通过结合学校教育与工作场所培训来实现的，学生需要在指导教师的监督下完成特定的学习任务和工作目标。这种方法不仅提高了教育的实用性和相关性，也使学生在毕业后迅速适应职业角色，提高了他们的就业竞争力。

总体而言，德国高职院校的体育教育充分利用了国内外的专业资源，通过与行业的紧密合作，确保教育质量和效果，使学生在体育行业中找到有价值和有影响力的职位。这种教育模式的成功，在很大程度上归功于其系统性的规划和对实践教学重要性的认识。

3. 澳大利亚

澳大利亚的体育教育系统独具特色，尤其注重体育教育与健康科学的融合。这种教育方法旨在通过科学的训练和教学，培养学生的批判性思维和独立解决问题的能力。在课程设计中，澳大利亚的教育机构不仅提供传统的体育课程，如团队运动和体能训练，还广泛涉及运动生理学、运动心理学和营养学等领域，以确保学生从多学科的角度理解和实践体育活动。

此外，澳大利亚的体育教育非常重视户外教育和冒险教育，这是其教育系统的一大特色。学生有机会参与各种户外活动，如徒步、皮划艇、攀岩和定向越野，这些活动不仅有助于提高他们的体能和技能，还能加强团队合作和领导力。通过在实际环境中的学习，学生能够直接应用自己在课堂上学到的理论知识，同时增强应对不可预见情况的能力和心理韧性。

澳大利亚教育机构还特别强调将这些户外和冒险活动结合到学术课程中，使学生在体验中学习。例如，一些课程可能要求学生计划和执行一个多日的户外探险活动，作为课程评估的一部分。这种类型的课程设计不仅能挑战学生的身体极限，也能考验他们的计划、决策和团队协作能力。

通过这样的教育模式，澳大利亚的体育教育不仅培养了学生的体育技能和健康知识，还强化了他们的个人和社交技能，为他们未来的职业生涯和个人发展打下坚实的基础。这种综合体育与健康科学的教育方法体现了澳大利亚对高质量体育教育的深度和广度。

（二）国外体育教育的创新方法和成功案例

许多国外高职院校正在采用混合学习模式，这种模式有效结合了在线教学与面对面的实践课程，以适应现代教育需求和技术的发展。例如，在美国，一些先进的院校已经开始利用虚拟现实技术模拟体育训练和比赛场景。这种技术的应用不仅极大增强了学生的参与感，还显著提高了学习效率。通过虚拟现实设备，学生可以在一个控制和安全的虚拟环境中重复练习和体验各种体育活动，这种仿真训练可以帮助学生在不受物理空间和时间限制的情况下，更加深入地理解复杂的技巧和策略。

此外，在德国，"双元制"教育模式（Duales System）是另一种创新的教育模式，它将理论学习与职业实践有效结合。在这种教育体系下，学生的学习时间被分为在校园内的理论学习和在企业中的实际工作实习两部分。学生每周会在大学学习专业理论，同时在合作企业进行实习，直接参与实际工作。这不仅使学生将理论知识立即应用于实践中，还极大提高了其职业技能和就业准确度。"双元制"模式因其高效的培养方式和促进学生顺利过渡到职场的优势而深受学生和雇主的欢迎。

这些教育模式的成功实施展示了国外高职院校在适应快速变化的教育需求和技术进步方面的前瞻性。通过整合新兴技术和创新教育模式，这些学院不仅提高了教育的质量和吸引力，还为学生的职业发展提供了坚实的基础，使他们在未来的工作中展现出更大的竞争力。

（三）国际合作项目和跨文化交流的影响

国际合作项目在当今教育体系中扮演着至关重要的角色，尤其是在体育教育领域。通过参与学生交换、国际会议与合作研究等活动，学生不仅可以获得全球视角，还可以显著增强适应不同文化和国际竞争环境的能力。例如，澳大利亚和亚洲国家之间的体育教育交流项目就是一个典型的案例。这类项目通常涉及学生和教师的互访、联合举办研讨会和体育活动，使参与学生直接体验不同国家的体育教育系统和文化，深入了解体育全球化的现状和挑战。

此外，跨文化交流还极大促进了最佳实践和教育理念的共享，这对于丰富教育内容和方法具有重要意义。通过这种交流，教育机构能够相互学习对方的成功经验，包括教学策略、课程设计和评估方法。例如，亚洲某些国家在武术和瑜伽等体育项目的教学中具有独到之处，而澳大利亚则在体育科技和体育管理方面表现突出。通过跨文化的合作和交流，双方可以融合彼此的强项，创新体育课程，使其更加全面和高效。

这种国际合作和文化交流不仅提升了参与学生和教师的专业能力，也增强了他们的社会责任感和全球公民意识。通过实际参与，学生更好地理解了国际体育界的多样性和复杂性，同时为自己将来在全球体育行业中的职业生涯奠定了坚实基础。通过这些体验，学生学会了尊重不同文化的价值观，发展了解决跨文化冲突的策略，增强了在多元文化背景下工作的能力。

（四）国外研究中提出的解决策略和优势

在国外的体育教育领域，个性化学习路径的设计被广泛强调，以确保教育方案满足不同学生的独特学习需求和职业规划。这种教育策略考虑到了学生的个人兴趣、能力和职业目标，为他们量身定制课程和训练计划。例如，一个对体育营销感兴趣的学生可能会参加更多相关的商业和媒体课程，而一个未来想成为职业教练的学生，则可能更多地参与实际的教练培训和战略规划课程。通过这样的个性化路径，学生能够发展自己的专长和兴趣，从而在竞争激烈的就业市场中获得优势，更好地准备进入他们所选择的体育领域。

此外，国外的体育教育研究还特别关注如何利用现代科技工具提升教育质量。利用数据分析技术跟踪学生的学习进度和表现已成为一种常见做法。通过收集和分析学生在课程中的表现数据，教育者可以更准确地了解每位学生的学习效果，及时发现学习中的问题，并根据数据反馈调整教学策略和内容。例如，教师可以根据学生的表现数据调整教学难度，或是提供更多个性化的辅导和支持。这种数据驱动的教学方法不仅提高了教学的适应性和效率，也使教育更加精准和高效，最终提升了学生的整体学习成果和满意度。

通过实施这些策略，国外的体育教育机构不仅增强了教育的个性化和适应性，也利用科技工具优化了教学质量，确保学生在现代复杂的体育环境中成功立足。这些方法的成功实践为全球体育教育领域提供了重要的参考和启示。

总的来说，国外的高职体育人才培养模式提供了许多值得借鉴的例子，尤其是在创新教学方法和国际合作方面的经验，这些都是国内教育改革可以参考的重要资源。

三、国内外研究的比较分析

进行国内外高职体育人才培养的比较分析有助于揭示各自教育体系的优势与不足，从而提出更加全面的改进策略。这种比较可以从教育模式、人才培养效果以及研究方法和重点的差异等几个方面进行。

（一）教育模式和教学方法的比较

在国内，高职体育教育模式往往采取较为传统的教育方法，主要侧重理论知识的传授和基本技能的训练。在课程设计中，课堂讲授和标准化考试占据主导地位，此外，实践教学多在校内进行，如通过校内体育设施和组织的活动进行基础技能的实践，而与体育行业的直接对接和实际工作经验相对较少。这种教学模式虽然能够为学生提供稳定的学习环境，但在培养学生应对真实工作挑战方面存在一定的局限。

美国和澳大利亚的高职院校则更加重视实际操作和实际工作经验的培养。这些国家的体育教育采用多样化的教学方法，例如，案例研究、项目式学习和模拟训练等，这些方法不仅能提升学生的实际操作能力，还能激发学生的创新能力和解决问题的思维。例如，在项目式学习中，学生需要团队合作完成具体的体育项目规划与执行，这种方式能够让学生在实际操作中学习和应用理论知识，同时培养他们的领导能力和团队协作能力。

此外，国外高职院校还普遍采用了先进的技术和创新工具，如虚拟现实和在线学习平台等，以增强学生的学习体验和参与感。利用虚拟现实技术，学生可以在模拟的环境中进行各种体育活动，这种技术的应用使教学更加生动和直观，同时为学生提供了一个安全无风险的学习环境。在线学习平台的使用则使学习更加灵活，学生可以根据自己的时间安排自主学习，这在一定程度上提高了学习的效率和效果。

总之，国内外高职体育教育在教学模式和方法上存在明显差异，国外的教育模式在促进学生实际操作能力和创新思维方面具有一定的优势，而国内的教育模式则在理论知识的系统性和标准化方面表现更为突出。对于中国高职院校而言，借鉴和引进国外的教学方法和技术，并结合国内教育的实际情况，可能是未来发展的一个重要方向。

（二）人才培养效果和就业方向的对比

在国内，高职院校的体育教育往往集中于传统的体育领域，毕业生在创新能力和国际视野方面有局限性。这种局限性在全球体育行业迅速发展和竞争加剧的背景下，可能限制毕业生的职业发展和上升空间。国内的教育体系需要更多地融入创新思维训练和国际化元素，以提升毕业生的全球竞争力。

相比之下，国外的高职院校体育毕业生就业方向更为广泛和多样化。在美国、澳大利亚等国家，体育教育不仅覆盖传统的教学和训练领域，还大力发展体育营销、体育科技、体育健康等新兴领域。例如，体育科技领域中的数据分析和运动表现技术开发，为毕业生提供了大量新兴的职位。此外，这些国家的体育教育通常具有强烈的国际化和多元化特征，毕业生因此更容易适应和进入全球化的体育行业，无论是在多国公司、国际体育组织还是在跨国体育活动策划等领域，都能找到合适的职业机会。

这种差异指出了国内外体育教育在应对全球化挑战和市场需求方面的不同策略和成效。国内高职院校若能借鉴国外教育的先进理念和实践，如加强与国际体育机构的合作，引入更多关于体育科技和健康科学的课程，将有助于提高毕业生的就业竞争力和创新能力，从而更好地满足现代体育行业的需求。同时，加强语言和文化交流的教学是拓宽毕业生国际视野的关键，能够使他们更好地融入国际工作环境。

（三）研究方法和研究重点的差异

在国内，体育教育研究主要集中在几个核心领域：教育政策的分析、教学方法的优化以及对现有教育模式的效果评估。这些研究往往采用较为传统的方法，主要依赖文献研究和案例分析。文献研究允许研究者系统地整理和分析已发布的研究成果，以形成对现有知识的深入理解。案例分析则通过具体实例揭示特定教育策略的实施效果和可能出现的问题，这有助于评估和改进教学实践。

这种研究方法的优势在于其稳定性和对历史数据的深入挖掘，但同时可能因过于依赖理论分析而缺乏创新性和适应性。尽管如此，国内的研究为理解体育教育政策的影响和教学方法的局限提供了宝贵的视角，有助于政策制定者和教育实践者做出更加科学的决策。

与国内研究相比，国外的体育教育研究更加重视跨学科的方法，这种方法结合了数据科学、心理学和社会学等多个学科的视角，以全面探讨体育教育的影响。例如，研究者可能利用数据科学工具收集和分析大量关于学生表现的数据，运用定量分析工具评估特定教育模式对学生身心健康的长远影响。

此外，心理学和社会学的视角有助于深入理解学生的行为动机和社会互动，这对于设计更有效的教育策略至关重要。混合研究方法，结合定量和定性研究，也广泛用于探索多元文化环境下的教学效果，这种方法不仅可以提供数据的统计分析，还可以深入揭示学生、教师和社区参与者的经验和感受。

国外的这种跨学科研究方法提高了体育教育研究的动态性和创新性，使研究成果更加全面和实用。通过这样的方法，教育者能够更好地理解和应对学生多样化的需求，同时为体育教育领域带来了新的教学理念和技术应用。

总体而言，国内外在体育教育研究方法上的差异反映了各自教育体系的特点和研究传统。国外的跨学科和数据驱动的方法为国内体育教育研究提供了可借鉴的范例，有助于推动国内研究方法的多样化和现代化。

四、面临的挑战与未来趋势

高职院校体育人才培养无论是在国内还是在国际上都面临一系列挑战，这些挑战对未来的教育模式和发展方向产生了深远影响。

（一）当前国内外体育人才培养面临的共同挑战

随着体育行业的快速发展和技术的日新月异，体育教育系统面临着必须不断适应和更新其课程内容以匹配行业需求的挑战。例如，电子竞技和运动数据分析等新兴领域已经成为体育行业的重要组成部分，这要求教育机构不仅应更新传统的体育课程，还应要引入这些新技术和理论的教学。这种适应性和前瞻性需要教育机构对行业趋势保持高度敏感，并能快速地将这些新知识整合到教育课程中，以确保学生获得最前沿的知识和技能。

在资源配置方面，优质的师资和先进的教学设施是确保体育人才培养质量的关键因素。然而，资源不足和分配不均是许多地区尤其是发展中地区普遍面临的问题。资金的限制往往导致无法聘请高水平的教师，同时，教学设施难以得到充分的投资和更新。这些限制不仅影响了教学质量，也制约了学生的学习体验和技能发展。

此外，体育人才的国际竞争力在全球化的今天显得尤为重要。体育教育的国际化不仅可以拓宽学生的全球视野，还可以增强其跨文化交流和竞争的能力。然而，语言障碍、文化差异和国际交流的不足往往成为学生拓宽国际视野的障碍。这要求教育机构加强国际合作，如学生交流、国际会议和海外实习等，以帮助学生获得更广泛的国际经验和提升其在国际舞台上的竞争力。

综上所述，体育教育系统面临着适应性、资源配置和国际化方面的挑战，这些都是当前和未来教育发展的关键点。面对这些挑战，教育机构需要采取创新和战略性的措施，以提升教育质量和学生的全球竞争力。

（二）技术发展对体育教育的潜在影响

1. 虚拟现实和增强现实

随着技术的飞速发展，虚拟现实和增强现实技术在体育教育中的应用正变得越来越广泛。这些技术能够创建模拟的体育训练环境和比赛场景，不仅可以无风险地复现高难度的体育动作和场景，让学生在安全的环境下进行训练，还可以通过模拟不同的竞技环境，提供多样化的训练场景，增强训练的针对性和有效性。此外，虚拟现实和增强现实技术的互动性和趣味性能显著提高学生的学习兴趣和参与度，使体育教学更加生动和直观，极大地丰富了教学手段和内容。

2. 人工智能

人工智能在体育教育中的应用主要体现在个性化训练和性能提升上。人工智能技术可以根据学生的具体表现和需求，设计个性化的训练计划。通过持续收集学生的训练数据，人工智能不仅可以实时分析学生的运动表现、体能状态和技术动作，还可以根据分析结果提供定制化的训练建议和改进策略。这种个性化的训练方法可以使教学更加精准有效，帮助学生在最短的时间内达到最佳的训练效果，同时降低训练过程中的伤害风险。

3. 大数据分析

大数据技术在体育训练和比赛中的应用为教育者和教练提供了深入分析运动员表现的工具。通过收集和分析海量的训练和比赛数据，教育者不仅可以更准确地评估运动员的表现，还可以通过数据挖掘发现潜在的提升空间和风险点。例如，大数据可以用来分析运动员的运动习惯，预测可能的伤病风险，及早进行干预和治疗。同时，大数据分析可以帮助教练优化战术安排和队伍配置，使比赛策略更加科学和有效。

总之，技术的发展为体育教育带来了革命性的变化，使教学方法更加科学化、个性化和数据化。这些技术不仅提高了教学质量和效果，还为体育人才的培养和发展开辟了新的路径和可能。随着技术的不断进步和应用，未来的体育教育将更加高效、安全和有趣。

（三）预测未来体育人才培养的发展方向

随着全球体育行业的不断发展和多元化，体育教育的未来发展方向预计将体现在以下几个关键领域。

1. 跨学科整合

未来的体育教育预计将更加注重与其他学科的交叉融合，如心理学、营养学、生物力学等，以形成一种更全面的教育模式。这种跨学科的教育方法能够为学生提供一个宽广的知识视角，帮助他们更好地理解运动和运动表现的多方面因素。例如，通过结合心理学，教育者可以帮助运动员更好地管理比赛压力和提高心理韧性；营养学的整合则可以教导学生如何通过合理饮食改善体能表现；生物力学的应用有助于优化运动技术和预防伤害。这样的整合不仅提高了教育的科学性和实用性，也为学生的多方面发展打下了坚实基础。

2. 持续的职业发展支持

面对职业生涯的多样化，未来体育教育将更加重视为毕业生提供持续的职业发展支持和终身学习的机会。随着体育行业的快速变化，仅靠在校期间的学习已难以满足长期职业发展的需求。因此，高职院校可能会开发更多的继续教育课程、在线学习模块和举办职业发展研讨会，以帮助毕业生不断更新知识和技能。此外，建立校友网络和行业联系也将成为教育机构支持毕业生职业发展的重要组成部分，通过这些网络，毕业生可以获得宝贵的行业信息、职业指导和再教育机会。

3. 强调软技能

除了专业技能的培养外，未来体育教育将更多强调沟通、团队协作和领导力等软技能的发展。在体育领域，这些技能同样至关重要，尤其是在教练、体育管理或团队运作等环境中。有效的沟通可以帮助运动员和教练更好地交流技术和策略，团队协作能力可以增强团队间的合作和默契，而领导力则是推动团队向目标努力的关键。通过在课程中引入相关的训练和实践，未来的体育教育将助力学生在复杂多变的职业环境中更加出色地发挥他们的潜能。

总体而言，未来的体育人才培养将是一个多维度、动态适应的过程，涵盖学术知识、专业技能与个人素质的全面提升。这种全方位的教育模式不仅能满足行业的即时需求，还能预见并适应未来可能的变化，为学生未来的成功奠定坚实的基础。

第三节　研究目标与问题

在探讨体育类专业人才培养模式的研究过程中，明确研究目标与问题至关重要。这不仅有助于深化理论研究，还能有效指导实践操作，进而提升体育专业人才的培养质量。

一、研究目标

（一）评估现行教育模式的有效性

本书研究目标的核心是深入分析和评估高职院校体育教育的现行教学模式和实际操作，以确保教育内容和方法能够适应当下及未来体育行业的发展需求。

1. 课程内容的时代适应性

首先，本书将评估课程内容是否跟得上体育行业的快速发展和不断变化的技术。这涉及审视课程设置是否包含最新的行业趋势，如电子竞技、智能体育设备使用、运动康复技术等新兴领域。此外，本书还将评估课程内容是否具有足够的灵活性，以便快速集成未来可能出现的新趋势和技术。

2. 教学方法的实效性

本书将关注教学方法的现代化和实效性，包括传统教学与现代教育技术的结合使用，如在线学习平台、虚拟现实和增强现实技术在体育教育中的应用。此项分析的目的是确定这些教学方法能否有效提升学生的学习积极性、参与度以及知识和技能的掌握程度。

3. 行业需求满足度

进一步，本书将评估课程设置及教学实践是否满足体育行业的具体需求。这包括与体育组织、职业俱乐部和相关企业进行合作，收集行业代表的反馈，以确保教育内容和技能培训与行业需求保持一致。特别是考虑到体育行业对专业技能和实用技能的高需求，评估将专注于课程如何实际帮助学生进入职场。

4. 利益相关者反馈的整合

为了全面评估现行教育模式的成效，将广泛收集和分析来自学生、教师和行业专家的反馈。通过问卷调查、访谈和焦点小组讨论等方式收集数据，了解各方对现行教育模式的看法和体验，特别是课程内容和教学方法的实际效果与市场适应性。

通过一系列的评估活动，研究不仅旨在揭示现行教育模式的优势和不足，还将提供具体的数据支持和建议，为体育教育的持续改进和发展铺平道路。这将有助于高职院校体育教育更好地适应快速变化的教育需求和行业标准，最终拓宽学生的职业前景和提升学生的专业能力。

(二) 探索创新的教育模式

在体育教育领域，传统的教学模式经常面临不能完全满足快速发展的行业需求的挑战。为了解决这一问题，本书将致力于探索和实施创新的教育模式，特别是"岗课赛证综合育人"和"校行企协同育人"模式。这些模式的核心目标是通过增强实践教学和深化企业合作，更有效地使学生应对体育行业的实际工作需求。

1. 岗课赛证综合育人

"岗课赛证综合育人"该模式强调实际工作岗位与课堂学习的紧密结合。它通过让学生直接参与体育行业的各个岗位，使他们在实际工作环境中学习和应用课堂上获得的知识。此外，该模式还包括参与各种体育赛事，这不仅能提升学生的竞技技能，还能增强他们的组织和管理能力。学生还需要通过专业认证，这确保了他们的技能达到行业标准，增强了毕业生的职业资格。

2. 校行企协同育人

"校行企协同育人"此模式侧重教育机构与体育企业之间的协同合作。通过这种合作，学生可以直接从业界专家那里学习最新的体育管理和营销策略，同时，企业可以参与课程设计，确保教学内容与最新的行业需求保持一致。此外，该模式鼓励学生参与企业项目，从而获得实际的项目管理和执行经验，这对于他们未来的职业生涯是极其宝贵的。

3. 实施过程与效果分析

本书将通过定量和定性的方法分析这些教育模式的实施过程和效果。这包括收集学生的就业率、职业发展速度以及行业反馈等数据。同时，将评估这些模式在不同教育环境中的适应性和可持续性，如不同地区的高职院校和不同规模的体育企业。

4. 推动教育实践的创新和发展

通过深入分析这些创新教育模式的实施效果和适应性，本书旨在为体育教育领域提供可行的改革方向和策略。这不仅能提升教育质量和学生的就业竞争力，还能推动整个体育教育系统的持续创新和发展。

（三）提高教师的专业实践能力

教师的专业能力直接影响教育质量和学生的学习成效。因此，本书将专注于提升高职院校体育教师的专业实践能力，通过一系列系统的培训和发展计划，确保教师能够有效地支持学生的学习和职业发展。

1. 教师培训计划

为了提升教师的专业技能，本书将设计和实施针对性的教师培训计划。这些计划将包括最新的体育教育理论、教学技术、评估方法以及学生心理指导技巧的培训。培训将由经验丰富的教育专家和行业专业人士共同授课，以确保内容的实用性和前瞻性。此外，培训将采用多样化的形式，包括在线课程、面对面研讨和实际操作工作坊，以适应不同教师的学习风格和需求。

2. 工作坊与实践研讨会

工作坊和行业研讨会将提供一个平台，让教师学习先进的教学方法和参与行业最新发展的讨论。这些活动将特别强调实践技能的培训，如体育活动的组织、运动训练的实施以及使用现代技术工具进行教学。通过在实践中学习，教师能够更好地理解如何将理论应用于实际教学，从而提高教学效果。

3. 评估与反馈机制

本书还将评估这些教师发展措施的效果，特别是它们如何影响教学质量和学生的学习成果。通过定期的教学评估和学生反馈，本书将收集数据分析教师培训计划的有效性。这些数据将帮助进一步调整培训内容和教学方法，确保教师发展计划的持续改进和优化。

4. 专业发展路径

最终，本书将提出一条系统的教师专业发展路径。这包括职业晋升的标准、持续教育的要求和未来发展的机会，旨在建立一个支持性的职业环境，鼓励教师持续学习和成长，从而不断提升教育质量。

通过这些综合措施，本书期望能够显著提升体育教师的教学和专业实践能力，并进一步提高教育质量，最终使学生更好地适应未来的职业挑战。

（四）整合现代信息技术于体育教育中

在体育教育领域，现代信息技术的融入提供了前所未有的机会来创新教学方法和提高教育质量。本书将深入探讨如何有效地将在线教育、虚拟现实、增强现实以及其他计算机技术应用于体育教育，以全面提升教学和学习体验。

1. 在线教育的融入

在线教育可以提供灵活的学习时间和空间，使体育理论知识的学习更加便捷。本书将评估在线教育平台在提供体育课程内容方面的有效性，包括课程设计、互动工具的使用以及学习管理系统的整合。此外，本书将探讨如何通过在线教育提高学生对体育活动的参与度，例如，通过模拟的体育竞赛或在线健身课程，以及这种方法如何帮助学生在非传统教育环境中保持积极的学习态度。

2. 虚拟现实和增强现实技术的应用

虚拟现实和增强现实技术为体育教育提供了模拟复杂运动技能和策略的平台。本书将分析虚拟技术和增强技术在模拟真实体育环境和复杂体育技能训练中的应用，如何帮助学生在没有物理风险的情况下练习技巧，以及这些技术在提高学生体育表现方面的潜力。此外，本书还将探索这些技术在激发学生体育学习兴趣和动机方面的效果。

3. 计算机技术的整合

计算机技术，特别是数据分析和运动生物力学软件，可以极大提升运动员训练的质量和效率。本书将评估这些技术在分析运动表现、优化训练计划和预防运动伤害方面的应用。本书将探讨这些工具如何帮助教练和教师更精确地评估学生的运动表现和进步，以及如何将这些分析成果反馈给学生以改进他们的技术。

4. 技术的挑战与限制

尽管现代信息技术为体育教育提供了多样的可能性，但其实施和广泛应用也面临一系列挑战。这包括技术接入的成本问题、设备的维护、教师和学生的技术培训需求，以及对这些新技术教学效果的持续评估。本书将探讨这些挑战，并提出可行的解决策略，以确保技术融入的成功和教育质量的持续提升。

通过这些详细的研究分析，本书旨在为体育教育领域提供一套详尽的指导方针和实践建议，确保现代信息技术能够有效地支持体育教育的发展，最终提升整个教育系统的效率和成效。

二、研究问题

为深入探索和改进高职院校体育教育的现状和未来方向，本书提出以下核心问题，旨在解决体育教育与行业需求之间的脱节，探索创新教育模式，评估教师的专业实践能力，并有效整合现代信息技术以优化教学活动。

（一）现有体育教育模式与行业需求的脱节

在当前的体育教育环境中，确保教育内容与行业需求保持一致是至关重要的。本书致力于深入探讨现有体育教育模式在哪些方面与体育行业的实际需求存在脱节，尤其关注课程内容、教学方法和学生技能培养的相关问题。

1. 课程内容的适应性

本书将首先评估现有的体育教育课程内容能否满足体育行业不断变化的需求。随着体育科技和数据分析在体育领域日益重要，教育课程是否包括这些新兴领域的知识和技能成为一个关键问题。本书将通过分析课程设置和与行业标准的对比，评估课程内容是否更新及时，是否覆盖诸如运动生物力学分析、运动员健康管理、智能运动设备的使用等现代体育科学的关键领域。

2. 教学方法的现代化

此外，本书还将探讨教学方法能否有效地传递这些知识，使学生满足行业的具体需求。是否采用了现代教育技术和教学策略，如互动式学习、案例研究、模拟实训等，以及这些方法能否提高学生的学习效率和实践能力也是研究的重点。这些教学方法的有效性将通过学生的反馈和课程评估数据进行分析。

3. 学生技能的培养

技能培养是体育教育中的核心部分。本书将评估学生所获得的技能是否符合行业的实际工作需求。特别是在沟通、团队合作、领导力以及专业技能如运动训练技术和事件管理等方面的培养是否充分。通过调查毕业生的就业情况和行业专家的反馈，研究评估教育模式在学生准备进入职场方面的成效。

4. 行业反馈的整合

为了深入了解教育模式与行业需求之间的脱节，本书将包括与行业专家的广泛访谈以及对毕业生就业状况的全面调查。这些数据将帮助揭示现有教育模式在哪些方面需要改进，以及如何调整教育策略来更好地适应行业发展。

通过上述综合研究，本书旨在为体育教育机构提供明确的指导，帮助它们优化课程设计、更新教学方法，并更有效地培养符合行业需求的体育专业人才。这不仅将提升教育质量，也将增强学生的职业竞争力，从而更好地服务于体育行业的发展。

（二）探索创新教育模式以有效培养体育专业人才

在现有体育教育模式存在的不足被明确识别之后，本书的关键目标之一是探索和提出能够更有效培养体育专业人才的创新教育模式。这将涉及对国内外不同教育实践的深入分析和评估，以确定哪些创新方法能最有效地提升学生的专业技能和创新能力。

1. 项目式学习

项目式学习是一种学生中心的教学模式，强调通过实际项目的完成实现学习目标。在体育教育中，这种模式可以通过设计与真实体育活动或赛事管理相关的项目实施。例如，学生可能参与策划和执行一个校园体育赛事，并从中学习事件策划、团队管理、媒体宣传等关键技能。这种实践机会不仅能帮助学生应用理论知识解决实际问题，还能增强他们的项目管理和领导能力。

2. 校企合作

校企合作模式通过直接与体育行业企业合作，为学生提供实习和实训机会。这种合作通常包括企业参与课程设计、提供实习职位，或共同开发专业技能培训项目。例如，体育学院可能与职业体育俱乐部合作，让学生在专业环境中学习运动员训练、体育营销或赛事组织等。这不仅有助于学生获得宝贵的行业经验，还有助于他们建立职业网络，增加就业机会。

3. "岗课赛证综合育人"模式

"岗课赛证综合育人"模式是一种整合多元教育资源的方法，它结合了课堂学习、实际工作岗位经验、参与竞赛和获取职业资格证书的过程。此模式旨在通过多样化的教学活动，全面提升学生的职业技能和综合素养。在体育领域，这可能涉及学生在获得理论知识的同时，参与专业体育赛事的实际工作，以及通过专业课程和实践活动获得认证证书。

4. 评估与优化

为了确保这些创新教育模式的有效性，本书还将包括对实施效果进行持续评估。这将通过收集学生的就业成果、职业发展以及行业反馈进行。评估结果将用于不断优化教育模式，确保它们能够适应行业的变化并满足学生的需要。

通过探索和实施这些创新的教育模式，本书希望能够为体育专业人才的培养提供更有效和实际的解决方案，从而更好地使学生面对职业生涯的挑战。

（三）当前体育教师在专业实践能力方面存在的挑战

教师的专业实践能力直接关系到教育质量和学生的学习成效。在体育教育领域，教师面临的挑战尤为突出，因为这不仅涉及理论知识的传授，更多地关系到技能的实际操作和示范。以下是体育教师在专业实践能力方面常见的几大挑战。

1. 专业知识更新

体育领域持续经历快速的变化和发展，包括新的训练技术、运动科学研究的进展以及新兴体育项目的引入。教师需要不断更新其专业知识以保持教学内容的现代性和科学性。然而，快速的信息更新和技术进步可能使教师难以跟上最新的行业动态，尤其是那些缺乏足够资源进行专业发展的教师。

2. 教学方法的现代化

随着教育技术的发展和学生学习习惯的变化，传统的教学方法可能不再有效。体育教师面临的挑战是如何融合新的教育技术和教学策略（如互动多媒体教学、在线课程、虚拟现实等）增强教学互动性和吸引力。此外，教师还需掌握如何通过这些现代教学工具有效地教授体育技能，这需要他们不仅应成为体育知识的专家，也应成为教学技术的应用者。

3. 与行业实践的对接

体育教师的另一个挑战是如何确保教学内容与体育行业的实际需求保持一致。这不仅涉及教学内容的相关性，还包括为学生提供实际体验的机会，如实习、行业项目等。与行业实践的有效对接需要教师不断与体育组织和企业合作，了解行业最新需求并将其转化为教学内容。

4. 评估与改进教师培训程序

为应对这些挑战，本书将通过调查、教师自我报告和反馈收集等方式评估现有教师培训程序的有效性。研究的目的是找出培训中存在的不足，并提出改进的方法和策略。这可能包括增加定期的专业发展课程、引入教师导师制度，或提供更多实际操作和现代教育技术的培训。

通过全面识别并解决这些挑战，本书旨在提升体育教师的专业实践能力，从而直接提高教育质量和学生的学习成果。这不仅有助于增强教师的教学效果，也有助于培养更多具备竞争力的体育专业人才。

（四）设计教学活动以更好地利用现代信息技术提升学习成效

在当前的教育领域，利用现代信息技术提升教学互动性和学习效率已成为一种趋势。本书着重探讨如何有效地将虚拟现实、在线教育平台和其他数字工具融入体育教学，以优化教学过程和提升学习成效。

1. 虚拟现实的应用

虚拟现实技术提供了一个沉浸式的学习环境，能够模拟真实体育场景，如运动场、健身房或比赛场地。在体育教学中，虚拟现实可以用来展示复杂的运动技巧、策略分析和团队协作的动态。例如，通过虚拟现实头盔和相关设备，学生可以身临其境地体验高尔夫击球、足球踢球技巧等，这种视觉和动作上的直接交互有助于学生更快地理解并掌握技能。本书将评估虚拟现实技术在不同体育项目中的应用效果，并分析其在提升学生体验和学习成效方面的潜力。

2. 在线教育平台的整合

在线教育平台能够提供灵活的学习资源，如视频教程、互动课件和实时反馈系统。在体育教育中，这些平台可以用于理论知识的学习、实战技巧的演示以及健康知识的普及。本书将探索如何设计包含丰富多媒体内容的在线课程，以提高学生的参与度和动机。同时，本书将考察在线平台如何支持个性化学习路径和远程教育，特别是当学生无法到场实践时提供有效的学习支持。

3. 其他数字工具的利用

除了虚拟现实和在线平台，应用程序、可穿戴设备和动作捕捉技术也在体育教育中发挥着越来越重要的作用。这些工具可以用于监测学生的运动表现、收集生理数据以及提供即时反馈。本书将评估这些技术在日常训练和竞赛准备中的实用性，以及如何通过这些工具提供定制的训练建议和健康管理支持。

4. 技术的可接受度和实施障碍

最后，本书将关注这些信息技术的可接受度和可能的实施障碍。这包括技术成本、设备维护、用户培训以及技术更新的问题。通过调查教师和学生对这些技术的接受度和使用情况，本书将提出推广现代信息技术在体育教学中的策略和建议，以克服实施过程中的挑战。

研究这些目标和问题，旨在为体育教育领域提供实际可行的建议和改进措施，使之更加科学化、系统化，并能适应快速变化的教育需求和技术发展趋势。此外，通过增强教师的能力和整合新兴技术，可以极大提高教育质量和学生的就业竞争力。

三、研究方法

为了全面评估高职院校体育人才培养的效果并提出有效的改进措施，本书采用了综合的研究方法，结合定性和定量研究手段，以及进行比较研究。这种多方法论的研究策略旨在深入探索和理解复杂的教育现象，从而提供更科学和全面的研究成果。

（一）定性研究

定性研究主要通过访谈、案例研究和观察等方法探索体育教育的实际运作和效果。这包括对高职院校的教育管理者、教师和学生进行深入访谈，以获取他们对教育模式、教学方法和学习体验的直接看法和感受。案例研究将选取具有代表性的教育实践，分析其成功的要素或存在的问题。此外，通过实地观察学生的学习过程和教师的教学行为，研究者可以直观地捕捉教学互动的细节和教育环境的实际状况。

（二）定量研究

定量研究将通过设计调查问卷收集大量数据，用以量化教育成效和学生满意度。调查问卷将涵盖课程内容满意度、教学方法效果、学习资源的充足程度、实践机会的可用性等多个方面。通过统计分析这些数据，如频率分析、相关性分析和回归分析等，研究者能够客观评价体育教育模式的效果，并识别影响教育成效的关键因素。

（三）比较研究

比较研究将对国内外的体育人才培养模式进行系统对比。这不仅包括教育模式的结构和内容，还涉及教育策略的成效和学生的职业发展结果。通过对比分析，研究将揭示不同教育系统间的差异和共同点，识别可借鉴的成功经验，以及可能的改进方向。比较研究有助于构建一个更广阔的国际视角，提高研究成果的普遍适用性和策略推广的针对性。

通过明确的研究目标和问题，本书旨在全面评估高职院校体育人才培养的现状，提出实际可行的发展策略，从而为未来的教育改革提供理论和实践支持。这些目标和问题将帮助研究者深入探讨和解决高职体育教育中的核心问题，推动学科和行业的进步。

第二章 理论基础与文献综述

第一节 体育类专业人才培养的理论依据

在当今全球化和科技迅速发展的背景下，体育教育的重要性日益凸显。高职院校作为专业技术人才的重要培养基地，承担着培养体育专业人才的使命，其教育模式和教学内容应不断适应社会和行业发展的需求。体育类专业人才的培养不仅需要依据教育心理学和教育社会学的理论基础进行科学设计，还需要考虑到职业教育特有的目标和原则。

一、行为主义

行为主义教学法在体育教学中的应用主要基于观察到的行为和其后的强化。行为主义理论认为，环境对行为有决定性影响，且学习是通过对行为的强化而产生的。在体育教学中，教师可以利用不同的行为科学原则增强学习效果。这些原则包括强化训练和行为修改技术，它们的有效应用对学生技能的发展和行为的塑造至关重要。

（一）强化训练

强化训练在体育教学中起着核心作用，可以是正面的（如奖励和表扬）或负面的（如纠正错误的技术）。例如，当学生掌握了一项新技能或改进了技术时，及时的正面反馈可以增强他们继续练习和改进的动力。正面强化不仅增加了学生继续行为的可能性，而且增强了学生的自我效能感和动机。例如，教师可以在学生成功执行复杂的篮球运球技巧后，立即给予称赞或提供小奖励，如更多的游戏时间或领导团队的机会。相反，负面强化则涉及及时纠正错误的技术，比如，在足球踢球技术中，如果学生的姿势不正确，那么教师应立即进行指正，并提供正确示范，以防学生形成错误的习惯。

（二）行为修改技术

行为修改技术包括使用各种策略增加期望的行为和减少不期望的行为。在体育教学中，这可能涉及设置明确的规则和期望，并通过一致的反馈确保这些规则被遵循。例如，教师可以通过使用哨子信号管理课堂秩序，确保学生在哨声后迅速集合或开始某项活动。此外，通过示范纠正学生的运动姿势是另一种常用的行为修改技术，教师可以先展示正确的动作，然后观察学生模仿的效果，并提供即时的正向或负向反馈。这种方法不仅有助于学生改正错误，也促进了正确技能的学习和内化。

通过将这些技术应用于体育教学，教师能够更有效地引导学生学习新技能，同时管理和优化学生的行为表现。最终，这将促进一个更加积极和高效的学习环境，帮助学生在体育领域获得最佳表现。

二、建构主义学习理论

建构主义学习理论强调知识是通过个人与环境的相互作用构建起来的，认为学习应该是以学生为中心的，侧重让学生主动构建知识。

在现代体育教学中，采用以学生为中心的教学方法可以显著提高学生的学习效率和整体参与度。这种方法主要包括以学生中心的设计、知识建构的过程以及协作学习的策略，每种方法都在促进学生主动学习和深入理解中发挥着关键作用。

（一）以学生为中心

在体育教学中，将学习活动围绕学生的需求和兴趣进行设计，是提高学生参与度和学习动机的有效策略。通过允许学生选择他们感兴趣的体育活动或技能来学习，教师不仅能提供更个性化的学习体验，还能增强学生的自主性和责任感。例如，教师可以提供多种体育活动选项，如篮球、足球、田径等，并让学生根据自己的兴趣和技能水平选择参加。这种选择权使学生感到他们的个人兴趣被重视，从而更积极地参与课程和训练。

（二）知识建构

体育教学中的知识建构强调让学生通过参与和体验学习新知识。通过实际的活动，如比赛和技能练习，学生能够直观地理解体育技能和战术的应用。例如，教师可以组织一个篮球策略工作坊，让学生通过小组合作学习如何在比赛中执行防守和进攻策略。通过实战演练，学生不仅学到了技能，还通过亲身体验和错误纠正深化了对策略的理解和应用。

（三）协作学习

协作学习策略鼓励学生在团队中工作，共同解决问题，这在体育教学中尤为重要。通过团队运动或小组挑战，学生不仅可以学习特定的体育技能，还可以培养团队合作能力和沟通技巧。例如，教师可以设计一个团队接力赛或小组足球比赛，通过这些活动，学生可以相互协作，共同制定战术，解决比赛中遇到的问题。这种学习环境不仅提高了学生的体育技能，还增强了他们的社交技能和团队精神。

三、教育心理学在体育教育中的应用

（一）学习动机

学习动机在体育教育中起着核心的作用，它不仅影响学生的日常参与，还深刻影响他们的学习成效和体育活动的持续性。学习动机的类型主要分为两种：内在动机和外在动机。每种动机都对学生的行为和态度产生不同的影响。

1. 内在动机

内在动机源自学生对体育活动本身的热爱和兴趣。例如，一个对篮球深感兴趣的学生可能会因游戏本身的乐趣和个人技能的提升而参与训练和比赛，而不是为了获取奖励或赢得他人的认可。这种动机促使学生因活动本身的满足感而参与其中，通常与更高的参与度、更持久的练习和更大的满意度相关。教育者可以通过强调个人进步、设定可实现的挑战和鼓励探索新技能增强内在动机。

2. 外在动机

外在动机则与外部奖励或期望相关，如奖品、证书、学分或家长和教练的期望。例如，一个学生可能为了获得团队表彰或满足家长的期望而努力提高游泳技能。虽然外在动机有效激发了学生的初步参与，但它可能导致依赖性，一旦外部奖励消失，学生的参与度就可能下降。因此，教育者在使用外在激励时需要谨慎，确保这些激励手段能够适当地与内在动机相结合，促进学生的长期发展。

3. 动机的平衡与教学策略

在体育教学中，理想的策略是结合内在动机与外在动机，创造一个既具有支持性又具有挑战性的学习环境。教育者可以通过以下方式实现这一目标。

①设定明确的学习目标：提供清晰的目标和期望，帮助学生理解他们的努力方向和成就感。

②提供选择性和自主性：允许学生在某种程度上选择他们感兴趣的活动或技能，增强他们的内在动机。

③强调个人进步：强调个人进步，而不仅仅是比较和竞争，鼓励学生关注个人技能的提升和自我超越。

④正面反馈和认可：及时提供正面反馈，认可学生的努力和进步，同时合理使用奖励强化积极的行为。

通过这些策略，教育者不仅能提高学生在体育活动中的参与度和表现，还能帮助他们发展成为对体育始终保持热情的个体。这种动机的平衡对学生的整体发展和体育成就具有长远的积极影响。

（二）认知发展理论

体育活动提供了丰富的机会发展学生的认知能力，特别是在问题解决和决策方面。通过参与团队运动和竞技活动，学生不仅能锻炼身体，还能在实际游戏中练习策略思考和快速决策。这些活动要求学生实时分析比赛的形势，迅速制定并调整应对策略，以应对不断变化的比赛环境。例如，在一场篮球比赛中，球员需要判断何时传球、何时突破得分，以及如何在防守时有效地封锁对手。

此外，体育活动还可以提高学生的空间感知能力和模式识别技能。在足球或棒球等运动中，运动员需要对球的轨迹、速度和可能的落点有敏锐的感知，这对提高空间感知能力极为关键。同时，识别对手的攻防模式并快速做出反应，是提升竞技水平的重要因素。

为了进一步促进学生的认知发展，教师可以设计包含复杂规则和多变策略的体育游戏。通过这种方式，学生不仅能享受运动的乐趣，还能在游戏中遇到各种挑战，这些挑战能够激发他们的思考，推动他们在认知上不断突破极限。例如，复合式接力赛跑结合了速度、策略安排与队伍协作，要求参与者在极短的时间内做出合适的决策，并且准确执行，这样的活动可以有效锻炼和提高学生的快速思维和反应能力。

总之，体育活动不仅能增强学生的体力和团队精神，更是一个优秀的平台，通过各种刺激和需要反应迅速的场景，促进学生认知能力的全面发展。

（三）自我效能理论

自我效能理论是由心理学家阿尔伯特·班杜拉提出的，它指的是个体对自己完成特定任务能力的信念。[①] 在体育教育中，培养和增强学生的自我效能感至关重要，因为它直接影响学生的持久性、动力以及表现水平。自我效能高的学生更有可能在面对挑战时不轻易放弃，能够更好地管理失败的情绪，从而在体育活动中达到更高的成就。

在实际的体育教学过程中，教师可以采取多种策略增强学生的自我效能。首先，提供成功的经验是提高自我效能的有效方法。通过设计逐步增难的技能任务，使学生在完成每一步时感受到成就感。例如，从简单的篮球运球开始，逐步过渡到复杂的过人技巧和投篮。每完成一项任务，教师及时给予正面反馈，这不仅认可了学生的努力，也鼓励他们继续进步。

其次，正面的口头劝勉对增强自我效能至关重要。教师的鼓励话语可以帮助学生构建积极的自我形象，增强他们的信心。例如，教师可以强调学生的努力和进步，而不仅仅是最终的胜利，从而帮助学生认识到成长的每一步都值得肯定。

再次，模仿学习是另一种提高自我效能的方式。学生通过观看同龄人或模范的表现，学习具体技能和策略，并从中获得能够自我实现的信念。例如，教师可以展示其他学生的成功案例或视频，让学生看到同龄人也能通过努力达到高水平。

最后，情绪状态的管理同样关键。在体育活动中难免会遇到失败和挫折，教师应教授学生如何正面应对这些情绪，如通过呼吸练习、积极自我对话等方法管理压力和焦虑，这些技巧可以帮助学生在面对挑战时保持冷静和自信。

综上所述，通过这些教育方法，体育教师不仅能增强学生的体育技能，更能培养他们的心理韧性和自我效能，这些都是学生今后面对生活各种挑战时不可或缺的能力。

通过这三个教育心理学领域的应用，体育教育不仅可以提高学生的身体素质，还可以深刻影响他们的心理和认知发展，这对学生的全面发展至关重要。教师需要理解和运用这些理论设计更有效的教学策略，从而提升教学质量和学生的学习成果。

---

① 黎黑. 心理学史 [M]. 上海：上海译文出版社，1990.

四、教育社会学的视角

教育社会学通过多种视角审视教育系统，其中之一就是探索体育教育如何促进学生的社会化过程。体育教育不仅仅是学习运动技能，更是一个重要的社会化平台。在这个平台上，学生不只是学习如何掌握体育技巧，更重要的是，他们在参与体育活动过程中学习如何遵守规则、接受失败，并通过团队协作达到共同的目标。这种环境促使学生发展必要的社会互动技巧，如沟通、领导力和团队精神。例如，在团队体育项目中，学生必须学会与不同背景的队友沟通和协作，这不仅增强了他们的沟通能力，也锻炼了他们处理冲突和达成共识的技巧。同时，体育活动中的竞争与合作经验能够帮助学生学会如何在压力下做出快速决策，以及如何为团队的成功而努力工作。更进一步，体育教育还提供了一个理想的环境，用于培养领导能力和个人责任感。当学生承担队长或其他领导角色时，他们不仅要确保自己的表现，还要激励团队成员并对团队的表现负责。这种经历是学习如何领导和激励他人的宝贵机会，这些技能在他们未来的职业和个人生活中极为重要。此外，体育活动提供的身体锻炼也有助于改善心理健康，这对于社会化过程同样重要。运动被证明可以减少压力和焦虑，提高自尊和自信心，这些都是建立健康社交关系的基础。通过体育活动，学生不仅提升了体质，也在心理和情感上得到了成长。综上所述，体育教育在学生的社会化过程中扮演着多重角色，不仅仅是培养体育技能，更重要的是，它通过多样化的团队互动和竞技挑战，促进了学生必需的社会互动技巧的发展。这些技能是他们在未来社会生活中获得成功和幸福不可或缺的部分。

另外，体育活动也可以被视为一种文化资本。在现代教育和社会结构中，体育成就往往与学术成就同等重要。这一现象不仅反映了社会对体育的高度重视，还表明了体育成就在个人发展和社会认可中的核心作用。学生在体育领域的表现不仅可以增强其自信心和自我价值感，还可以在某些情况下影响其社会流动和职业发展。例如，体育表现突出的学生常常能通过体育奖学金进入更高级别的教育机构，这不仅增加了他们接受高等教育的机会，还提高了进入专业运动或相关领域工作的可能性。此外，体育成就可能帮助学生建立起强大的社交网络，这些网络包括教练、同队队友、对手以及体育界的其他重要人物。这些联系不仅可以在学生的体育生涯中提供支持和机会，也可以在他们的职业生涯和其他生活方面发挥作用。例如，体育生在职业体育领域找到发展道路时，这些网络是他们获得教练职位或体育管理工作的重要资源。体育资本的积累因此可能会为学生打开通往社会上层的大门，或至少提供一种社会和经济上升的途径。在某些情况下，体育成就甚至成为学生身份的一部分，帮助他们在社会中获得认可和尊重，从而增强他们的社会地位。通过体育活动获得的技能、经验和联系，学生不仅能在体育领域获得成功，也能在社会的其他领域实现自我提升和成功。

因此，体育在现代社会中的角色远超过单纯的身体锻炼，它是一种可以转化为教育机会、职业道路和社会地位的重要文化资本。通过积极参与体育活动，学生不仅能提高个人能力，还能通过体育成功开拓广阔的未来可能。

五、职业教育与人才培养理论

（一）职业教育的目标与原则

职业教育在体育领域扮演着至关重要的角色，其核心目的是为体育行业培养具备必要技能和知识的专业人才。在高职院校中，体育职业教育的目标通常包括以下几个关键方面。

①技能培养：职业教育强调对学生进行具体技能的系统训练，这些技能直接关系到他们将来的职业生涯。在体育领域，这不仅包括基本的运动技能，还涵盖了教练技巧、体育管理、健康和安全管理等更专业化的领域。例如，学生可能会接受关于如何设计和实施训练计划、如何进行赛事组织以及怎样进行运动损伤的预防和治疗的详细培训。

②职业准备：除了技能训练，职业教育还包括为学生提供职业生涯规划的指导。这包括帮助学生了解体育行业的各种职业道路，如成为专业教练、体育营销专家、体育设施管理者等，以及如何在体育行业寻找并把握机会。通过模拟面试、职业咨询和行业交流会，学生可以获得实际的职业发展建议和真实的市场需求信息。

③持续教育：鉴于体育领域技术和趋势的快速变化，职业教育还强调持续教育的重要性。支持学生在毕业后继续更新其知识和技能至关重要。这可能通过提供在线课程、研讨会、认证课程以及与行业专家的定期交流来实现。这样，学生不仅能在校期间学到最前沿的知识，还能在职业生涯中不断进步，适应行业的发展。

通过这三个关键方面的培养，体育职业教育能够确保学生在毕业时不仅具备必要的技能，还能理解和适应体育行业的发展，从而在未来的职业生涯中取得成功。这种教育模式的实施有助于学生形成终身学习的态度，使他们在体育行业中持续成长和发展。

（二）人才培养模型

在体育职业教育中，不同的人才培养模型被设计来满足行业的多样化需求。这些模型如何在教育实践中应用，对教育成果有着深远的影响。

①T型人才模型：T型人才模型强调个体在一个专业领域（垂直的一撇）拥有深厚的专业知识，同时在多个领域（水平的一撇）具备广泛的知识和技能。[②] 在体育教育中，这意味着学生不仅需要掌握深入的体育专业知识，如运动训练理论和实践，还需要了解营养学、心理学、业务管理等，以适应多种职业角色。例如，一个专注于田径训练的学生，除了必须精通各种训练技术和策略外，还需要具备基础的营养和伤害预防知识，甚至掌握体育营销的基本技巧，以便在复杂的职业环境中更加多才多艺。

②综合能力模型：这一模型侧重学生技能的全面发展，包括技术技能、人际沟通、批判性思维等。在体育教育中，通过模拟真实的工作环境，如策划和管理体育赛事，学生可以在实践过程中培养这些能力。例如，学生可能需要组织一场校际篮球比赛，这不仅涉及比赛规则的制定和运动员训练的安排，还包括赞助商的沟通、媒体的协调以及观众服务的管理，这种全方位的项目管理经验能够显著提高学生的职场适应能力和综合职业技能。

这些人才培养模型的成功应用，需要教育者深入理解其理论基础，并根据体育行业的实际需求进行调整和优化。例如，教育者可以定期与行业专家合作，更新课程内容，引入最新的行业动态和技术进展，以确保教育内容的时效性和实用性。此外，实践性学习活动如实习、工作坊及行业讲座应成为课程的重要组成部分，以增强学生的实际操作能力和行业理解。

通过实施这些模型，高职院校能够培养出既具备深厚专业知识又适应多变职业需求的体育专业人才。最终，这将为体育行业持续输送高质量的专业人力资源，支持行业的持续发展和创新。

六、终身学习与技能发展

在体育职业生涯中，终身学习（Life-long Learning）的概念尤其重要。随着体育科学的不断进步和竞技水平的提高，从运动员到教练，再到体育管理者，每个人都需

---

② 马文豪，李翔宇 . SAS 数据统计分析与编程实践［M］. 北京：中国铁道出版社，2020.

要不断学习和适应新的技术和策略。终身学习不仅能帮助体育专业人员保持竞争力，还能增强他们的职业适应性和市场价值。例如，了解最新的运动训练理念、伤病预防和康复技术，可以有效提升运动员的表现和职业寿命。此外，终身学习还能促进个人全面发展，帮助他们在退役后顺利过渡到其他职业角色。

在技能升级与再教育方面，设计合理的体育教育项目至关重要。这些项目不仅要提供初级入门知识，更要支持学生在整个职业生涯中的持续发展。例如，可以通过提供进阶课程、工作坊、在线学习模块和职业发展研讨会，帮助体育专业人员更新技能和知识库。此外，教育机构和体育组织可以合作，开发针对特定体育项目的专业认证，这些认证不仅认可个人的专业技能，也促进了行业标准的统一和专业化发展。

通过这样的教育和发展策略，体育专业人员能够有效应对行业变化，实现职业生涯的持久成功。这种终身学习和技能更新的模式，不仅为个人带来了好处，也推动了整个体育行业的进步和发展。

七、体育教育与领导力培养

体育活动是培养领导力的有效平台，尤其是在团队体育和竞技体育的环境中。参与这些活动的学生不仅要学习如何掌控比赛的节奏和策略，更要学会如何激励和领导团队成员，共同达成目标。领导力理论在体育中的应用可见于如何通过体育活动培养学生的决策能力、责任感、自信心及危机管理能力。这些在体育场上学习到的技能，可以转化为学生未来职业和个人生活中的领导资质。

教练作为领导者的角色在体育活动中尤为关键。他们不仅是技术和策略的传授者，更是学生性格和行为模式的塑造者。通过日常训练和比赛，教练通过自己的行为示范、决策过程以及与学生的互动，对学生产生深远的影响。教练通过树立正确的价值观和榜样，帮助学生形成积极的生活态度和找到解决问题的方法。例如，教练通过强调团队合作的重要性和个人在团队中的角色，可以帮助学生在将来的工作和社交场合中更好地扮演领导角色。

通过体育教育，学生在锻炼身体的同时，也在不断地学习和实践领导力的各个方面。这样的教育不仅锻炼了身体，更培养了未来社会的领导者。

第二节 高职院校体育教育模式研究

体育教育作为全球各级教育系统中的重要组成部分，各国在其实施方式、教育目标和培养模式上各有特色。高职院校作为职业技能教育的重要阵地，在培养体育人才方面扮演着至关重要的角色。随着全球化的加深以及国际体育赛事的影响扩大，不同国家之间在体育教育模式的设计与实施上呈现出独特的发展路径和教育理念。

一、体育教育模式的框架和原则

体育教育作为教育体系的一个重要组成部分，在全球范围拥有多样的教育模式和框架。不同国家的体育教育系统可能在结构上存在差异，但通常都会涉及政府政策、学校课程以及社区活动。例如，一些国家将体育教育纳入学生的日常课程，强调体育活动的普及性和持续性；而其他国家可能更重视竞技体育，将资源倾斜到培养高水平运动员上。这些教育体系通常围绕几个核心目标进行构建，如提高全民体质健康、培养团队合作精神以及通过体育活动推广社会和谐。

在高职院校中，体育教育的模式尤其注重实用性和职业导向，目标是培养具备实际操作能力和专业知识的体育人才。这类教育不仅包括基础体育技能的培训，还涵盖体育科学、体育管理、运动医学等领域的专业知识，以适应体育行业内部多样化的职业需求。例如，学生可能会接受如何组织和管理体育赛事的培训，学习现代体育营销的策略，或者掌握运动伤害的预防和康复技术。

此外，高职院校体育教育模式通常也会强调学生的全面发展。除了技能和知识的传授，教育者还会努力培养学生的领导能力、团队协作能力和道德责任感。通过参与校内外的体育比赛和社区体育活动，学生能够在实践过程中学习如何在竞争与合作中找到平衡，如何在压力下保持冷静，以及如何以团队为中心进行思考。

国际视野的培养也是现代高职院校体育教育的重要方面。通过与国外体育机构的合作，学生有机会参与国际交流和比赛，这不仅可以提升他们的技能水平，还可以拓宽他们的视野，增强跨文化交流的能力，为未来在全球体育领域的职业发展奠定基础。

总之，高职院校的体育教育模式在全球体育教育体系中具有其独特性，它不仅满足了行业的具体需求，更通过综合培养方案，为学生的综合发展和未来的职业生涯奠定了坚实基础。

体育教育的模式背后所依循的原则和理念在高职院校中表现得尤为明显，反映了这些教育机构在培养体育专业人才方面的综合性和前瞻性。这些原则不仅塑造了教学的具体内容，还影响了教育的方法和学生的终身发展轨迹。

首先，职业技能的培养是高职院校体育教育模式中的核心。这一培养不仅限于传统意义上的运动技能提升，更加强调与体育行业直接相关的专业技能，如团队管理和战略思维。在实际教学中，这可能通过组织学生参与体育赛事的策划和执行，或是通过模拟运动队的管理来进行。这样的训练不仅提高了学生的技术能力，更培养了他们的领导能力和战略决策能力，为他们将来进入体育行业的高级职位打下了坚实基础。

其次，全面发展的理念在高职院校体育教育中同样重要。这一理念认为，体育教育应当支持学生在身体、心理和社交等多方面的成长，形成健全的人格和社会能力。通过体育活动，学生可以学习团队协作、竞争与合作的平衡，以及如何在压力下保持情绪的稳定。例如，通过团队体育项目，学生不仅可以锻炼身体，也可以在与队友的互动中学习尊重、耐心和沟通技巧，这些都是社会生活中不可或缺的能力。

最后，终身体育的理念强调体育活动的持久价值，主张体育教育不应仅限于学校阶段，而应贯穿个人的一生。这一理念在高职院校体育教育中通过鼓励学生发展持续参与体育活动的习惯得以体现。教育者通过教授如何安全有效地进行各种体育活动，以及如何将体育活动融入日常生活，帮助学生理解和实践终身体育的重要性。这不仅有助于维持他们长期的身体健康，也有利于心理和情感的健康。

综上所述，高职院校体育教育的这些原则和理念共同作用，旨在培养出能够在体育领域内外取得成功的全面发展的专业人才，同时倡导健康、积极的生活方式，为学生未来的职业生涯和个人生活奠定坚实的基础。

二、课程设计与实施

（一）不同国家体育课程的设计方法

在高职院校的体育教育模式中，课程内容、教学目标和学习成果三者相互关联，共同构成了培养体育人才的教育框架。这一框架不仅反映了体育教育的多样性和复杂性，还突出了其对职业准备的重视。

1. 课程内容

在高职院校中，课程内容设计旨在全面提升学生的体育技能和理论知识水平。这通常包括从基础体育运动到高级竞技技能的一系列体育活动，以及健康和体能教育。例如，课程可能包括篮球、足球、游泳等传统体育项目的技能训练，同时涵盖运动生理学、运动心理学等理论课程。此外，针对不同国家的教育策略，一些高职院校可能更加重视培养学生在竞技体育中的专业性，而其他学校可能强调生活体育的普及，目的是提升学生的生活质量和健康意识。

2. 教学目标

高职院校体育课程的教学目标清晰界定了期望的教育成果。这些目标不仅限于提高学生的体能水平，还包括发展其团队合作能力、领导能力和自我管理能力。例如，通过团队运动，教师可以设计课程强化学生在实际比赛中的策略思考和决策制定能力，通过角色扮演和领导力训练，提升学生的领导和协调能力。这样的目标设置可以帮助学生在毕业后迅速适应职业体育或相关领域的工作环境。

3. 学习成果

学习成果的设定通常基于国家教育标准和行业需求，以确保学生毕业后的能力满足现代社会和劳动市场的需求。这些成果不仅涉及技能的掌握，还包括理论知识的应用和综合素质的提升。学校可能设定具体的评估标准，如学生在体能测试、技能展示和理论考试中的表现，以及他们在模拟实际工作环境中的应用能力。通过这些综合评估，学校可以确保每位学生在体育领域具备竞争力，同时具备良好的职业道德和社会责任感。

综上所述，高职院校体育人才的培养模式通过精心设计的课程内容、明确的教学目标和实际导向的学习成果，为学生提供了全面的教育体验，不仅促进了其体育技能的发展，还为其未来的职业生涯和个人发展打下了坚实基础。

（二）比较课程实施方式

在高职院校中，体育人才培养模式特别强调实践与理论的有效结合，以及教学方法和技术的现代化，这些策略旨在全面提升学生的专业能力和实际操作技能。

1. 实践与理论的结合程度

高职院校的体育课程设计力求在理论教学和实践活动之间找到恰当的平衡。理论教学为学生提供了体育运动的科学基础，如运动生理学、运动心理学和体育管理等，这些知识是学生理解运动性能和健康管理的关键。实践活动则让学生有机会将这些理论知识应用于实际情境，如参与体育赛事的策划和执行、进行体能测试和运动技能的训练。例如，一些课程可能会重点提供针对特定体育项目如足球或篮球的技能训练，而其他课程则可能更侧重教授如何使用科学方法提高运动员的表现或管理体育组织。

2. 教学方法和技术

高职院校体育教育中的教学方法和技术正在不断创新。传统的讲授和示范方法被集成了小组讨论、协作学习和个别指导等多样化教学活动，以适应不同学生的学习需求和偏好。同时，随着教育技术的发展，视频分析工具被广泛用于技术动作的教学，以帮助学生和教师更精确地分析和改进运动技能。在线学习平台和虚拟现实技术的应用则扩展了教学的空间和方式，使学生在模拟的环境中练习复杂的运动策略或了解更多健康理论，这些技术的使用大大提高了教学的互动性、趣味性以及效率。

通过这样的教学模式，学生不仅能获得坚实的理论基础，还能通过丰富的实践经验加深理解和增强技能。这种结合传统和现代教育元素的教学方法，确保了学生能够适应快速变化的体育行业需求，同时培养了他们的创新能力和解决实际问题的能力。这些策略的实施，使高职院校的体育人才培养模式更加全面和高效，为学生的职业生涯和个人发展奠定了坚实基础。

通过对不同国家体育课程设计和实施方式进行分析和比较，可以获得宝贵的洞见，帮助教育者优化自己的教学策略，并根据具体的教育环境和学生需求调整教学内容和方法。这种国际视角不仅促进了全球教育的理解和交流，还为体育教育的持续改进提供了实践基础。

三、学生评估与成果

（一）各国体育教育中学生表现的评估方法

评估学生的体育表现是教育过程中的一个关键环节，它帮助教师了解学生的进步、确定需要额外支持的领域，并确保教育目标的实现。在全球范围，高职院校在体育教育中采用的学生评估方法有所不同，主要包括以下几种。

1. 考试

一些国家采用书面考试评估学生对体育理论知识的掌握，如运动规则、健康科学和运动生理学等。这种评估方法强调理解和记忆能力。例如，在美国和英国，理论考试可能包括多项选择题、短答题或论文题，这些考试不仅测试学生的知识储备，还考查他们将理论应用于实际问题解决的能力。理论考试使教师评估学生对体育概念的深度理解及其分析和批判性思维技能。

2. 表演评估

在许多国家，表演评估是体育教育中常见的一种评估形式，学生需要在实际的运动表演中展示其技能和技巧。这种方式可以直接观察学生的运动能力和表现，如技术熟练度和战略应用。例如，学生可能被要求在篮球、足球或田径等特定运动中展示特定的技能组合，或参与模拟比赛。这种评估方式有助于教师直观地了解学生在实际运动中的应用能力，以及他们对运动技巧的掌握程度。

3. 技能测试

技能测试通常涉及对学生的特定运动技能进行定量评估，如速度、力量、耐力和协调性测试。例如，可以通过跑步速度测试、推举重量测试或柔韧性测试评估学生的身体能力。这些测试提供了明确的性能指标，有助于精确衡量学生的体育能力。技能测试的结果不仅可以帮助教师了解学生在体育领域的具体强项和弱点，还可以用于制订个性化的训练计划，以促进学生在特定领域的进步。

通过这些综合的评估方法，高职院校能够全面了解学生在体育学科的理论知识和实践技能方面的表现。这些评估工具的使用有助于确保教学质量，为学生的职业发展和个人成长提供有力的支持和指导。此外，这种多样化的评估方法也有助于激励学生在体育学习中保持积极的参与度，从而提高他们的整体教育体验。

（二）根据学生的体育表现评估其职业潜力和教育成果

学生的体育表现不仅可以反映他们掌握课程内容的程度，还可以作为评估其未来职业潜力的一个重要指标。在高职院校体育人才模式中，教育者和评估者可以通过综合考虑以下几个方面，更全面地了解学生的职业潜力。

1. 技能掌握水平

学生在技能测试中的表现是评估其专业能力的直接方式。通过定量的技能测试，如速度测试、力量测试和技术熟练度测试，评估者可以准确了解学生在特定体育技能方面的掌握水平。例如，优秀的足球技能，如精准的传球和射门能力，可能预示着学生有成为职业球员的潜力。这种评估不仅有助于识别有潜质的运动员，还可以为他们的未来职业规划提供依据。

2. 应用能力

通过表演评估，可以观察学生在模拟或实际竞赛中应用技能的能力。这包括战略思考、团队协作、应急反应能力等，这些都是职业体育所需的关键能力。例如，在篮球或排球的团队比赛中，学生如何在压力下做出快速决策、如何与队友进行有效沟通以及如何在比赛中展现领导力，都是评估其职业潜力的重要方面。

3. 理论知识

学生在体育理论考试中的表现展示了他们对体育科学、运动心理学和相关规则的理解程度。对于可能进入体育教育、体育管理或科研领域的学生而言，这些知识尤为重要。理论考试成绩优异的学生通常具备更强的理论基础和分析能力，这使他们在体育相关的职业道路上具有竞争优势。

4. 持续进步和承诺

评估学生在整个学习过程中的进步和对体育活动的承诺也极为关键。持续进步和对训练与比赛的高水平承诺通常预示着学生具备在体育领域长期发展的潜力。通过观察学生如何应对挑战、在训练中的努力程度以及对改进的开放性，教育者可以判断学生是否具备持久的职业发展潜质。

通过这些综合评估方法，教育者不仅能识别出具有专业潜力的学生，还能为学生提供定制化的培训和发展建议，帮助他们实现职业目标。这种全面的评估过程确保了体育教育的质量和效果，同时为学生的未来职业发展铺平了道路。

四、行业合作与社会参与

在全球范围，体育教育与体育行业的合作模式日益增多，这种合作为学生提供了实际应用所学知识的机会，同时强化了教育与职业发展之间的联系。各国的体育教育系统普遍采取校企合作的模式，如体育品牌与学校合作提供设备和培训，专业体育俱乐部与高校合作开发人才。此外，行业实习项目使学生有机会在专业环境中实践其体育技能，提升职业技能，同时为学生未来的就业对接铺平道路。例如，体育管理学生可能在大型体育事件中担任组织者或协调员，从而获得宝贵的行业经验和职业联系。

体育教育在促进学生社会参与方面同样发挥着重要作用。学校和高等教育机构通常鼓励学生参与社区体育活动和公共体育项目，这不仅有助于增强学生的公共参与意识，还有助于促进健康生活方式的普及。通过组织社区体育节、公开课和健身挑战等活动，体育教育可以拉近社区成员之间的关系，增强社区的凝聚力和身体健康水平。这些活动不仅为学生提供了展示技能的平台，也加深了他们对社会责任和团体合作的理解。

这种教育和行业的合作，以及通过体育活动增强的社会参与，共同提高了教育的实用性和增进了社会的整体福祉。通过这些机制，体育教育不仅培养了具备专业技能的体育人才，也培养了积极参与社会活动、有能力贡献于社会发展的公民。

五、教师培训与专业发展

体育教师的培训和专业发展在不同国家间展现出显著的差异，这些差异不仅体现了各国对体育教育的重视程度，还反映了其教育政策和文化价值观的多样性。例如，在美国，体育教师通常需要完成教育学士学位，并通过特定的教师资格考试获得教学资格。这种制度强调了对体育教师基本教育和专业能力的要求，确保教师具备足够的知识和技能指导学生。而在德国，体育教师则通常需要在体育科学领域获得更高级别的学位，并完成长期的实习和教师培训课程。这种模式强调深厚的专业知识和实践经验，以培养教师的综合教学能力。

教师资格认证过程、继续教育和职业发展路径在不同国家也存在差异。在一些国家，体育教师的资格认证需要定期更新，这通常包括参与继续教育课程和工作坊，以保持教师的教学方法和专业知识的现代性。例如，加拿大和澳大利亚的体育教师可能需要定期参加专业发展课程，这些课程旨在更新教师的教学技术和应对日新月异的教育需求。这类继续教育可能涉及新的教学技术、学生心理健康的支持，以及适应特殊需要学生的策略。

此外，教师的职业发展路径也可能包括从基础教学职位向更高级的教育管理或专业培训角色的转变。例如，有经验的体育教师可能会成为学区的体育教育协调员，负责监督和提升区域内的体育教育质量。或者，他们可能会在专业体育培训机构中担任高级教练，专注于培训具有专业潜力的运动员。

通过这些培训和发展机会，体育教师不仅能提升自己的教学技能和专业知识水平，也有助于促进职业生涯的持续成长和发展。这些差异化的路径不仅为教师提供了多元化的职业选择，也为学生提供了高质量的体育教育，从而培养出更健康、更全面发展的下一代。这种教育体系的设计和执行反映了社会对体育教育的投资和期望，强调了体育教育在增进社会整体健康和福祉中的重要角色。

第三节　高职院校体育教育的特点

高职院校体育教育的特点显著体现了其专业性和实践性，旨在为学生提供系统的体育技能训练以及广泛的职业适应能力。在这种教育模式下，课程设计注重理论与实际操作的结合，强调培养学生的实际工作技能，以满足体育行业对专业人才的具体需求。此外，高职院校体育教育还特别强调技术的应用，如运动科学的最新发展，以及教学方法的创新，例如，采用虚拟现实等先进技术提高教学互动性和学生的学习效率。通过这种教育，学生不仅能获得必要的体育知识和技能，还能发展必要的职业素养，如团队协作和领导能力，为将来的职业生涯奠定坚实的基础。

一、高职院校体育教育的目标与定位

（一）高职院校体育教育的目标特征

高职院校体育教育的目标特征体现了其在培养专业技术人才方面的独特定位，以及如何通过体育教育促进学生的全面发展。这些目标不仅关注提升学生的体育技能，还涵盖职业准备和个人发展等多个方面，旨在为学生未来的职业生涯和健康生活奠定坚实的基础。

1. 培养实用的体育技能

高职院校体育教育的首要目标是培养学生实用的体育技能，这包括但不限于各类体育运动的基本技巧、运动训练方法以及体育赛事的组织与管理技能。通过实践教学，学生可以掌握如何在实际工作中应用这些技能，从而满足体育行业对专业技术人才的需求。

2. 提高身体健康水平

体育教育强调通过体育活动提高学生的身体健康水平。这不仅涉及运动技能的训练，还包括对健康知识的教育，如营养学、运动医学和心理健康等。目标是培养学生终身参与体育活动的习惯，提升他们的生活质量和工作效能。

3. 培养职业道德和团队精神

体育教育在高职院校中还承担着培养学生职业道德和团队合作能力的任务。通过团队体育和竞技活动，学生能够学习如何在团队中发挥作用、尊重规则，以及如何在竞争与合作中保持正直的行为。这些能力在任何职业领域都极为重要。

4. 发展社会交往能力和领导才能

体育活动提供了丰富的人际交往和社交场景，学生可以在这些活动中提升自己的社交技巧和领导才能。通过组织和参与体育活动，学生可以学习如何有效沟通、解决冲突以及如何引导和激励他人。

5. 适应现代体育科技发展

随着科技的进步，现代体育也越来越多地运用高科技产品和服务。高职院校体育教育的另一个重要目标是使学生熟悉并适应这些技术的使用，如智能运动设备、数据分析软件等，确保他们在技术驱动的体育行业中保持竞争力。

综上所述，高职院校体育教育的主要目标是通过综合体育活动和课程，实现学生职业技能的培养与体质健康的提升。这种教育模式专注于将体育教育与职业培训相结合，以满足不同行业对专业体育技能的需求。例如，高职院校可能会提供定制化的体育课程，旨在培养学生的团队协作能力、领导力及适应不同职业环境的能力。同时，通过体育活动，如团队运动和个人健身课程，强化学生的体质健康，使他们在未来的职业生涯中保持良好的工作状态和生活质量。

（二）高职院校体育教育的定位特征

高职院校体育教育在整个教育体系扮演着独特的角色，其定位特征凸显了其专业性和应用性的双重焦点。这种定位不仅影响教学内容和方法的设计，也决定了教育目标和学生培养的方式。

1. 专业技能培养的重点

高职院校体育教育首要的定位是培养具备实用技能的体育专业人才。这包括运动训练、体育教学、体育管理、体育营销等多个领域的专业技能。课程设计应紧密结合体育行业的实际需求，并强调技能的实操性和实用性，以确保学生毕业后快速适应体育行业的工作环境。

2. 理论与实践的结合

体育教育的一个核心特征是理论与实践的紧密结合。高职院校特别注重通过实际操作加深理论知识的理解。这种结合方式通常通过实验室练习、实习以及与体育企业和组织的合作项目来实现。这不仅增强了教学的有效性，也为学生提供了宝贵的行业经验和职业技能。

3. 职业准备的导向

高职院校体育教育的另一个重要特征是其明确的职业准备导向。课程内容设计、教学方法和学生评估等各方面都围绕如何更好地为学生的职业生涯做准备。这包括提供职业规划服务、模拟面试、职业道德教育以及职业技能证书的获取等，旨在全面提升学生的职业竞争力。

4. 适应性和灵活性

随着体育行业技术和市场的快速变化，高职院校体育教育还必须展现出高度的适应性和灵活性。教育内容和教学策略需要不断更新，以适应新的技术、市场需求和行业标准。这种灵活调整的能力使教育更具前瞻性，能够预见并应对未来行业的变化。

5. 综合素质的提升

除了专业技能的培养，高职院校体育教育还注重学生综合素质的提升。通过体育活动，学生能够在体力、心理、社交能力等多方面得到发展。体育教育通过增强团队协作、领导和决策能力的培训，帮助学生形成健全的人格和高尚的职业操守。

通过这种教育定位和目标设定，高职院校体育教育不仅帮助学生发展专业技能，还致力于提高他们的整体生活质量，使其在毕业后更好地融入社会和职场。这种教育方式强调了体育教育在职业准备中的重要性和多功能性，为学生的未来发展打下了坚实基础。

二、课程内容与结构

（一）高职院校体育课程的基本结构

在高职院校中，体育教育的课程设计精心平衡了理论学习与实践技能的培养，以确保学生在未来职业生涯中取得成功。这种课程结构不仅使学生理解了体育活动背后的科学和管理原理，而且通过实践活动提升了他们的专业技能。

1. 理论课程

理论课程是体育课程结构的基础，通常占据课程总量的 25% 至 40%③。理论课程的设计目的是为学生提供坚实的学术基础，使他们深入理解体育活动的科学原理和背景知识。其主要包括以下几个方面。

①体育科学：探讨运动科学的基本概念，包括生物力学、运动生理学以及运动心理学，使学生科学地分析和改进运动表现。

②运动生理学：重点讲解人体在各种运动中的生理反应和适应机制，如何通过合理训练提高体能以及预防运动伤害。

③运动心理学：学习运动中心理因素的作用，包括运动员的动机、压力管理、团队动力学以及心理技巧的训练方法。

④体育管理：介绍体育组织和活动的管理知识，包括体育营销、赛事组织、设施管理等，为学生将来在体育行业的管理岗位上工作打下基础。

通过这些理论课程，学生不仅能获得必要的学术知识，还能学习如何将这些知识应用于解决实际问题。

2. 实践课程的设计与目标

实践课程是体育教育中的重要组成部分，通常占据 60% 至 75% 的课程比例。④ 实践课程的设计旨在让学生通过实际操作巩固和应用他们在理论课中学到的知识，具体包括以下几个方面。

①技术训练：通过各种体育运动的技术训练，如篮球、足球、游泳等，学生可以直接学习和练习基本技能和高级技巧。

②教练方法：教授学生如何设计训练计划，进行技能教学，以及如何评估和提升运动员的表现。

③团队管理：培养学生的领导能力，学习如何管理和激励团队，以及如何处理团队中的冲突和问题。

④赛事组织：学生将学习如何策划和管理体育赛事和活动，包括预算管理、场地安排、安全保障等。

---

③　全国普通高等职业（专科）院校公共体育课程教学指导纲要（试行）［EB//OL］.（2024-06-17）. http://tyb. hagmc. edu. cn/info/1029/1156. htm.

④　全国普通高等职业（专科）院校公共体育课程教学指导纲要（试行）［EB//OL］.（2024-06-17）. http://tyb. hagmc. edu. cn/info/1029/1156. htm.

这些实践课程不仅提升了学生的职业技能，还增强了他们解决实际问题的能力，为他们未来的职业生涯奠定了坚实基础。通过这种结合理论与实践的教学模式，高职院校体育课程可以有效地使学生应对未来体育行业中的各种挑战。

（二）课程设计与行业需求

高职院校体育课程的设计需要紧密对接行业需求，确保学生毕业后顺利进入职业领域。课程设计通常考虑以下几个方面。

1. 专业技能的培养

高职院校体育教育在专业技能的培养方面，紧密跟随体育行业的变化和需求，定期更新和调整课程内容。例如，随着足球市场的扩展和对专业教练的需求增长，学校可能不仅增加足球教学的课程量，还会引入更多关于团队管理、比赛策略及运动员心理调适的专业训练，以全面提升教练员的职业技能。此外，随着健康意识的提高，体育康复和运动营养学科也被纳入教育体系，以培养学生在运动伤害预防和饮食营养规划方面的专业能力。同时，体育营销课程的增设则旨在培养学生将体育活动与商业策略相结合的能力，以适应体育产业商业化发展的需求。这些课程的设置不仅能使学生获得实际操作经验，还能直接对接行业需求，极大增强了学生的就业竞争力。

2. 最新体育科技的融入

随着科技的迅速进步，高职院校体育课程积极融入最新的科技工具，如可穿戴设备、运动表现分析软件以及虚拟现实技术，以确保学生掌握体育行业的最新发展。可穿戴设备使学生实时监测运动表现和生理数据，运动表现分析软件则教会他们如何评估这些数据来优化训练和比赛策略。同时，虚拟现实技术的引入，为学生提供了模拟各种运动场景的机会，无论是在体育训练、策略制定还是在运动心理学的应用中，都极大增强了他们的理解和操作能力。通过这些先进技术的学习和应用，学生不仅能提升自身技能，更能在技术驱动的体育行业保持竞争力，为未来的职业道路打下坚实的基础。

通过这样的课程结构和设计，高职院校不仅能为学生提供全面的体育教育，还能确保教育内容与行业标准和发展趋势保持一致，从而极大增强学生的就业能力和职业发展潜力。

三、教师队伍与专业发展

(一) 教师资质和专业背景

在高职院校体育教育中，教师的资质和专业背景是确保教学质量和学生学习成果的关键因素。对教师资质的评估通常包括以下几个方面。

1. 学历和资格认证

在高职院校体育教育中，教师的学历和资格认证是确保教学质量的基础。教师通常需持有体育教育、体育科学或相关领域的本科及以上学位，这不仅反映了他们在理论和实践方面的专业训练，也是他们深入掌握体育学科知识的证明。除了学位外，教师还必须获得国家或地区教育部门颁发的教师资格证书，以及可能的专业资格认证，如教练资格、裁判资格等。这些资格认证确保教师在进入教学领域前已经满足了教学和专业实践的标准要求，能够有效地传授专业知识并指导学生的体育活动。持续的专业发展和定期的资格复审也帮助教师与最新教学方法和行业发展保持同步，从而提升教学效果和学生学习成效。

2. 专业培训经历

在高职院校体育教育中，教师的专业培训经历是衡量其教学能力和专业性的重要指标。专业培训通常涵盖从技术熟练度到教学策略的各个方面，不仅限于短期进修课程，还包括参与各种工作坊、行业会议和专业研讨会。通过这些活动，教师能够接触最新的体育教育理念、学习先进的教学方法，并掌握最新的体育科技应用，如虚拟现实技术在运动训练中的使用或数据分析在运动表现优化中的角色。这种持续的专业发展不仅保证了教师的教学方法适应现代教育的需求，也使他们更有效地激发学生的学习兴趣和参与度，增强教学实效。

3. 持续教育的情况

在高职院校体育教育中，持续教育的重要性不可忽视，它是确保教师专业知识与技能持续更新的关键。教师的持续教育通常包括参与在线课程、定期参加专业研修、进行学术研究等多种形式。这些活动不仅提供了一个平台让教师了解并掌握体育领域的最新动态和技术进展，如新的训练方法、健康与营养科学的最新发现，以及运动心理学的创新应用，而且是提升教学方法和策略的重要手段。通过持续学习，教师能不断地优化和调整教学实践，确保教育质量与时俱进，同时能激发和维持学生的学习热情和学业成就，最终提升整个教育体系的效果和效率。

（二）教师专业发展的支持体系

教师的职业发展不仅关系到个人职业生涯的成长，也直接影响教学质量和学生的学习效果。探讨教师专业发展的支持体系主要涉及以下几个方面。

1. 职业发展机会

在高职院校体育教育中，教师的职业发展机会是确保教学质量与教师满意度的关键因素之一。这些机会不仅涉及晋升路径的明确规划，还包括多种形式的专业发展支持。高职院校通常为体育教师提供领导力培训项目、资格提升课程及参与校内外的重大教学和研究项目的机会。例如，教师可能被鼓励参与课程开发项目，或在专业会议上呈现自己的研究成果，这不仅增强了他们的专业知识水平和教学技能，还提升了他们的学术地位和行业影响力。此外，通过这些机会，教师能够获得实际的领导经验和管理能力，这对教师职业生涯的长期发展至关重要。因此，一个健全的职业发展支持体系不仅能帮助教师实现个人和专业的成长，还能显著提升教学质量，提高学生的学习成效。

2. 挑战与支持

在高职院校体育教育中，教师职业发展面临诸多挑战，其中包括资源有限和发展机会的不均等分配。例如，教师可能会发现，由于预算限制，他们无法获得足够的培训或参加专业研讨会的机会，这可能阻碍他们的专业成长和技能提升。此外，发展机会的不平等也可能导致某些教师感到职业发展受阻，特别是在地理位置较偏远或资金不足的学校。

针对这些挑战，高职院校和政府部门已采取多种措施提供必要的支持。这包括增加专业发展的资金投入，确保每位教师都有机会参加培训和提升教育技能。学校也可能通过调整时间安排，为教师参与研究和进修留出必要的时间，从而减少工作与专业发展之间的时间冲突。此外，职业咨询服务也被提供给教师，帮助他们规划职业路径，提供关于如何克服职业障碍和利用现有资源的建议。通过这些综合措施，学校和政府共同努力，为体育教师创造一个支持性的职业发展环境，使他们有效地克服挑战，实现职业生涯的持续成长。

3. 评价和激励机制

在高职院校体育教育中，建立一个公正且有效的评价和激励机制至关重要，这直接影响教师的工作满意度和专业成长。公正的评价机制可以确保教师的努力和成就得到合理认可，同时可以激励他们积极参与专业发展活动。这种评价通常包括多方面的考核标准，不仅评估教师的教学质量和学生反馈，还考虑其参与研究、研讨会、工作坊及其他专业发展活动的程度。评价的频率也需合理安排，通常是年度或半年度进行，以确保教师有足够的时间表现其职业成长。

此外，将评价结果与教师的晋升和薪酬挂钩是激励教师的一个有效策略。例如，表现优异的教师可以得到晋升机会，如升为高级教师或部门负责人，同时享有相应的薪酬提升。这种激励机制不仅奖励了教师的硬工作和职业成就，还鼓励其他教师模仿优秀教师的行为，积极参与专业发展，从而整体提升教育质量和学校的教学环境。通过这样的评价和激励机制，高职院校能够营造一个积极向上的教育氛围，激励所有教师不断追求专业成长和教学创新。

通过深入探讨高职院校体育教师的资质、专业背景以及专业发展的支持体系，可以更好地理解和改善教师队伍的建设，从而提升教学质量和学生的整体教育经验。

第三章　高职院校体育类专业教学实践

第一节　高职院校体育类专业教学与改革实践

在当今教育改革的背景下，高职院校体育类专业教学面临着前所未有的挑战与机遇。随着体育行业需求的多样化和技术的快速发展，高职院校体育教育正在经历一系列的教学与实践改革。这些改革旨在更好地适应行业发展趋势，提升教学质量，并增强学生的职业能力和市场竞争力。本书将深入探讨这些改革实践，包括教学模式的创新、实践教学的优化、技术整合的应用，以及教育政策和体制的适应性调整。

一、高职院校体育专业传统教学模式

（一）传统教学模式的特点

1. 传统教学法

传统体育专业教学方法通常采用直接教学法，作为一种教师主导的传统教学模式，在高职体育教学中得到了广泛应用。该方法以其结构化和高效性被众多教育机构采纳，主要流程包括三个关键步骤：目标明确、教师导向和重复练习。

①基本流程：直接教学法的实施开始于教师对学习目标的明确设定，这些目标通常围绕掌握特定的体育技能或理论知识构建。然后，教师通过直接指导和演示教授这些技能，确保每个学生都能看到标准的执行方式。最后，学生在教师的严密监督和指导下进行大量的重复练习，这一阶段是为了加强技能的固化和纠正执行中的错误，从而加深对技能的理解和掌握。

②应用及效果：在体育教学中，直接教学法尤其适用于基础技能的学习，如篮球投篮、足球踢球、游泳等基本运动技能的教学。教师的示范为学生提供了一个清晰的

技能标准，而重复实践则帮助学生通过肌肉记忆掌握这些动作。然而，这种教学法虽然高效，确保了所有学生都能按照统一标准进行训练，但它的主要局限在于可能抑制学生的创造力和自主学习能力。由于学生在学习过程中主要是被动接受和模仿，可能会限制他们探索更多样化技能执行方式的机会，或在技术应用上进行个性化的创新。

总之，直接教学法在高职体育教学中的应用虽广泛且有效，但教育者需在实际教学过程中灵活运用，结合其他教学方法，如探究式学习或合作学习等，以激发学生的学习兴趣和创造潜力，从而全面提升教学效果和学生满意度。

2. 理论知识的教授

在高职院校体育专业中，理论知识的教授占据教育过程的核心位置，涉及多个与体育相关的学科领域。这一教学部分不仅为学生提供了对体育活动背后科学原理的深入了解，还包括了管理技能的培养，使学生全面理解和应对体育领域的各种挑战。

①课程设置：理论课程的设置通常囊括体育科学的多个分支，包括但不限于运动生理学、运动心理学、体育营销和事件管理等。运动生理学课程帮助学生了解人体在各种体育活动中的生理反应和适应机制；运动心理学课程探讨运动员的心理状态、动机以及心理技能训练的方法；体育营销和事件管理课程则教授学生如何在商业环境中有效地推广体育活动，以及如何策划和执行大型体育事件。

②理论与实践的平衡：理论教学虽然为学生提供了丰富的知识背景，但其真正的价值在于能否与实践技能相结合。高职院校通过将理论课程与实践活动紧密相连，确保学生能将理论知识转化为实际操作技能。例如，学生在学习了②心理学的理论后，可以通过模拟教练角色，实际应用这些知识解决运动员的心理问题。同样，在体育管理课程中，学生不仅学习理论，还需要参与实际的体育活动组织，从策划到执行，亲身体验管理的各个环节。

通过这种结合理论与实践的教学模式，高职院校体育专业不仅能提高学生的学术水平，还能显著提升他们解决现实问题的能力，为他们未来在体育行业中的职业生涯打下坚实的基础。这种教学方法能确保学生在竞争激烈的体育行业中脱颖而出，并具备必要的知识和技能以适应不断变化的职业要求。

3. 考核方式

在高职院校体育教育中，考核方式是衡量学生理论知识掌握程度和实践技能水平的重要工具。传统的考核方式包括笔试和技能测试，这两种方法各有其独特的评估角度和适用场景。

①传统评估方法：笔试主要用于评估学生对体育理论的掌握情况，包括运动生理学、运动心理学、体育管理等领域的知识。这种方法通过书面考试的形式，使教师客观地量化学生的理论知识。技能测试则专注于评价学生的体育实践能力，如运动技能、战术应用等。这通常通过实地操作或模拟比赛的形式进行，直接观察学生的技能执行和应用效果。

②有效性及局限性：笔试和技能测试作为传统的评估手段，在一定程度上可以有效地衡量学生的学习成果。笔试能系统地检验学生对理论知识的理解程度，而技能测试则能准确地评估学生的操作能力和技术熟练度。然而，这些方法也存在明显的局限性。笔试无法全面反映学生的实际操作能力和在实际环境中应用知识的能力，可能导致理论与实践之间的脱节。技能测试虽然能评估学生的实际操作技能，但可能忽视了决策制定、战术理解和团队协作等其他重要能力。

因此，为了更全面地评价和促进学生的综合能力发展，高职院校体育教育正探索引入更多元化的评估方法。这包括基于项目的评估、同行评价、自我评估以及包含多种评价工具的综合评估系统。通过这些创新的评估方式，教育者可以更全面地了解学生的学习进展和能力提升，同时激发学生的学习动机，增强他们的自主学习能力和创新思维。这种多元化的评估方法不仅提高了评估的准确性和公平性，也为学生提供了更广泛的学习和表现机会，有助于培养适应未来体育行业需求的全面人才。

（二）课程内容与结构

1. 课程设计

高职院校体育教育的课程设计旨在系统地提供基础技能训练和专业技能提升，以满足学生的职业发展需求。

①课程内容组织：体育课程通常从基础技能训练开始，如运动规则学习、基本体能训练和初级技能掌握，然后逐步过渡到更高级的专业技能提升，如战术理解、专项技能精炼及领导能力培养。这种结构化的课程设计有助于学生按照自身体育能力的发展逐步学习和掌握更复杂的技能。

②分阶段教学：体育课程通常按照学生体育能力的发展阶段分为入门、进阶和高级三个阶段。每个阶段都有明确的学习目标和评估标准，只有学生达到一定水平后才能进入下一个学习阶段。这种分阶段的教学方法能够确保学生在每个阶段都获得必要

的支持和挑战，从而持续提升他们的体育技能。

2. 实践与理论的比例

在高职院校体育课程中，平衡理论学习与实践训练的比重是提升教学质量的关键。

①理论与实践的比重：理论教学通常包括体育科学的基本原理、运动心理学、健康教育等内容，占课程总量的30%至40%；而实践训练则包括各类运动技能的实际操作、战术演练和团队合作等，占课程总量的60%至70%[⑤]。这种比例设计旨在确保学生在充分理解理论的基础上能有足够的实践机会应用和加深这些知识。

②影响学生能力培养：理论教学提供了必要的知识背景，帮助学生理解体育活动背后的科学原理，而实践训练则使学生将这些理论应用于实际情境，提高其解决实际问题的能力。理论与实践的适当比例不仅增强了学生的综合体育能力，还有助于培养他们的批判性思维和创新能力，为他们未来的职业生涯打下坚实的基础。

二、当前高职院校体育教育的挑战

（一）理论与实践脱节的问题

在高职院校的体育教育中，理论与实践之间的脱节现象是一个广泛存在的问题，严重影响了教育质量和学生的职业准备。这种脱节主要表现在课程设计中理论教学与实践技能训练不均衡，以及教学内容更新不及时。

首先，许多体育课程可能过多侧重于理论的传授，如体育科学的基础知识、体育史或理论分析等，而在实际技能训练和实战应用方面投入较少。这导致学生虽然理论知识扎实，但在实际应用中显得力不从心。例如，学生可能在课堂上详细学习了篮球的投篮技巧理论，但若缺少足够的实际投篮练习，他们在真实比赛中便难以有效执行这些技巧。

其次，课程内容往往未能及时反映体育行业的最新发展和趋势。随着科技的发展和运动训练方法的不断革新，新的训练技术和策略层出不穷。然而，如果教育课程未能及时更新，那么学生学到的知识可能已不符合行业的当前需求。例如，当代体育行业越来越多地使用数据分析提高运动表现，如果课程中不包含这方面的实际操作和技

---

⑤ 全国普通高等职业（专科）院校公共体育课程教学指导纲要（试行）［EB/OL］．（2024-06-17）．http：//tyb. hagmc. edu. cn/info/1029/1156. htm.

术应用，学生便无法适应未来职场的技术需求。

为了解决这一问题，高职院校需要重新审视和调整体育教育的课程结构，以确保理论与实践得到有效结合。这可能包括增加更多的实践环节，如模拟实战训练、实习机会以及与体育行业专业人士的互动。同时，教学内容的更新应与行业发展同步，引入最新的体育科技和训练方法，以提高学生的实际操作能力和未来就业的竞争力。通过这些措施，可以缩小理论与实践之间的差距，更好地使学生应对职业生涯中的各种挑战。

（二）教学资源和设施的不足

在高职院校体育教育中，资源的限制尤其明显，这成为影响教育质量和学生学习体验的关键因素之一。众多高职院校在体育设施和教学设备方面的投入常常不足，这不仅限制了学生体育技能的全面发展，也阻碍了教学方法的现代化与创新。

首先，现代化体育设施，如足球场、篮球馆、游泳池以及其他多功能体育场地的缺乏，使学生无法充分练习和提升体育技能。例如，没有足够的篮球场地会限制学生进行足够的球技练习，从而影响他们技能的提升速度和质量。此外，体育设施的陈旧也可能导致安全问题，增加学生在运动中受伤的风险。

其次，高科技教学工具，如先进的健身设备、运动性能分析工具、虚拟现实训练系统等的缺乏，限制了教学内容的多样性和深度。这些工具和设备能够帮助学生更好地理解运动生理学原理、运动技术的精确要求和数据驱动的训练方法，从而提升其竞技水平和科学训练能力。缺乏这些先进工具，学生的训练就可能无法达到现代体育训练的标准，并难以适应快速发展的体育行业。

为了克服这些挑战，高职院校需要在预算分配中优先考虑体育教育的设施和资源升级。通过政府资助、校企合作、校友捐赠等多元化的资金筹措方式，可以逐步改善体育设施和引入先进的教学工具。此外，创新教学方法，如融合在线资源和远程教学技术，也可以在一定程度上缓解物理资源不足的问题，为学生提供更丰富的学习资源和更灵活的学习方式。通过这些努力，高职院校可以显著提升体育教育的质量和效果，更好地培养适应现代社会需求的体育专业人才。

（三）教师专业发展和教学方法的局限性

在高职院校体育教育中，教师的专业发展和教学方法直接影响教育质量和学生学习成效。尽管教师在教育过程中扮演着核心角色，但他们面临的专业发展机会常常有限，教学方法也多停留在传统框架内。这些局限性对教育系统的整体效果构成了显著挑战。

首先，教师专业发展的机会不足是一个主要问题。许多高职院校缺乏持续的教师培训和职业发展计划，导致教师难以跟上教育技术和教学理论的最新发展。这种情况限制了教师在采用新教学工具和方法方面的能力，比如，在运动科学领域应用数据分析工具，或者在教学中整合虚拟现实技术。没有系统的更新和培训，教师可能会继续采用过时的教学方法，这不仅影响教学质量，还可能抑制学生的创新潜能和批判性思维能力。

其次，教学方法的局限性是一个突出的问题。在很多高职院校中，传统的教学方法，如直接讲授和机械式练习仍然占据主导地位，这些方法往往忽视了学生的个体差异和学习偏好。这种"一刀切"的教学模式难以激发所有学生的学习兴趣，也不利于培养学生的自主学习能力和问题解决能力。现代教育理念强调以学生为中心和以学生为主导的教学策略，这要求教师提供更加互动、个性化的学习体验。

为了克服这些挑战，高职院校需要在政策和资源分配上做出调整，加强对教师持续专业发展的支持。这包括提供定期的培训研讨会、引进先进的教学技术培训以及鼓励教师参与国内外的教育研讨和交流活动。此外，高职院校应鼓励和支持教师探索多样化的教学方法，如项目式学习、协作学习和翻转课堂等，以提高学生的参与度和学习效果。通过这些措施，可以提升教师的教学技能和策略，从而提高教育质量和学生的学习效果。

（四）学生多样性带来的教学挑战

在高职院校体育教育中，学生多样性构成了显著的教学挑战。学生群体中不同的体育背景、学习能力、兴趣爱好以及文化差异，都要求教师采用灵活多变的教学方法满足每个学生的特定需求。

学生的体育背景差异意味着他们在技能水平、体育知识和体能状态上的不均衡。一些学生可能已有较高的专业训练水平，而另一些学生则刚刚开始接触某种体育项目。这种差异要求教师不仅能教授初学者，同时能挑战那些更高水平的学生，以促进他们的进一步发展。

在学习能力和兴趣爱好方面的多样性同样要求教育者具备高度的适应性。学生的学习动机和接受方式各不相同，一些学生可能更喜欢动手实践，而另一些学生则可能更倾向于理论学习。缺乏个性化的教学策略会导致教学内容不能有效地传递给所有学生，从而影响学习效果。

然而，许多高职院校在提供个性化教学支持方面仍面临资源和策略上的不足。例如，教师可能缺乏必要的培训来实施差异化教学，或者学校可能没有足够的教学资源来支持多样化的教学活动。此外，固守传统教学模式的教育体系往往难以灵活应对学生需求的多样性。

为了克服这些挑战，高职院校需要开发和实施更有效的个性化教学策略。这可能包括采用技术工具如学习管理系统跟踪学生的学习进度和偏好，以及培训教师使用多种教学方法满足不同学生的学习需求。同时，学校应当增加资源投入，比如，提供更多的教学设备和材料，以及创建更加灵活的课程设计，从而充分激发每位学生的潜力，确保所有学生都能在其体育学习和职业发展路径上取得成功。

针对这些挑战，高职院校体育教育需要进行深入的改革和创新，以提升教育质量，更好地满足学生和行业的需求。

三、教学方法的创新与实施

高职体育专业教学正在经历一场革命，其中，教学方法的创新尤为关键。为了更好地适应行业发展和满足学生的多元化需求，高职院校正在积极探索结合实践的教学模式、采用现代教育技术，以及开发跨学科课程。

（一）结合实践的教学模式探索

在高职院校体育教育中，结合实践的教学模式正变得日益重要。这些方法不仅强调理论知识的学习，更注重通过动手实践加深对理论知识的理解和应用。

1. 案例教学法

案例教学法通过引入具体的体育事件或场景，使学生置身于真实或模拟的决策环境中，分析并解决问题。例如，教师可以选择一个著名运动队的案例，让学生探讨团队管理、战术应用或危机处理等问题。通过这种方式，学生不仅能学习体育管理和心理学的相关知识，还能在实际情境中培养解决问题的能力。案例教学法促进学生批判性思维的发展，使他们从多个角度分析和解决体育领域的实际问题。

2. 项目制学习

项目制学习强调从设计到执行的完整过程，鼓励学生主动学习和创新。在体育教学中，项目可能包括策划和组织一次校际运动会、设计一个完整的运动训练营或创建一个运动健康促进项目。通过这样的项目，学生不仅可以实际操作和实施自己的计划，还可以在完成项目过程中学到如何协调资源、管理时间和处理突发事件。项目制学习通过实践活动提供反馈和修正的机会，有助于学生在真实环境中测试和改进他们的想法。

3. 模拟竞赛和实际操作

模拟竞赛是一种有效的教学工具，它通过创建控制环境模仿真实的体育竞赛场景。例如，教师可以组织学生进行模拟的足球赛或篮球赛，这不仅能帮助学生应用他们在训练中学到的技能，还能让他们学习如何在压力下做决策和进行团队协作。此外，通过参与真实的体育活动，学生可以直接应用所学的技能和知识，如参与学校的体育队伍或当地的体育俱乐部。这些活动提供了宝贵的学习经验，使学生在实践中学习和成长。

通过结合实践的教学模式，高职院校体育教育不仅能提供必要的理论知识，还能确保学生有效地将这些知识应用于实际工作和生活中，从而更全面地准备他们未来的职业生涯。

（二）采用现代教育技术

技术的运用正在彻底改变教育领域，尤其是在高职院校体育教育中，现代技术的应用不仅提升了教学效率，还极大提高了教学质量。

为了适应当代学生的学习习惯和需求，高职院校纷纷引入了各种先进的数字化学习工具。这些工具包括互动软件、在线视频教程、模拟软件，以及虚拟现实和增强现实技术。互动软件允许学生通过模拟的方式亲身体验各种体育活动，比如，使用虚拟现实技术模拟滑雪或赛车的体验，这不仅增强了学习的趣味性，还提高了技能学习的实际效果。在线视频教程为学生提供了随时可访问的教学内容，使学习变得更加灵活，学生可以根据自己的时间表自主学习。

虚拟现实和增强现实技术在体育教育中的应用，使复杂的运动技巧和战术分析变得更加直观和易于理解。学生可以在虚拟环境中反复练习某一技能，如篮球投篮或足球射门，而不需要占用实际的体育场地。这种技术的应用不仅能提高训练的安全性和效率，还能确保技术训练的标准化和个性化。

在线资源的普及也极大支持了学生的远程教学和自主学习。通过在线平台，教师可以上传教学视频、模拟测试和其他教学材料，学生可以在任何有网络的地点访问这些学习资源，进行自主学习。这一点在当前全球健康充满挑战的背景下显得尤为重要，确保了教育活动的连续性和学生学习的不间断。

通过现代技术的整合，高职院校体育教育不仅能提供更加丰富和多元的学习方式，还能使学生更好地面对未来体育行业中的各种挑战，同时培养他们的自学能力和问题解决能力。这种教育方式的转变正逐步引领体育教育进入一个新的、更高效的、更互动的时代。

（三）跨学科课程的开发

跨学科课程的开发正成为教育创新中的一项重要进展，尤其是在高职院校体育教育领域。通过整合健康科学、营养学与体育教学，这类课程旨在为学生提供一个综合性的学习平台，不仅强调技能训练，还关注学生的整体健康和福祉。

1. 结合健康科学、营养学与体育教学

在这种教学模式下，课程内容被设计为不仅包括传统的体育技能训练，如力量训练、耐力增强和技术熟练度提高，也涵盖健康管理、运动伤害预防、心理健康维护以及营养计划的制订与实施。例如，学生在学习篮球或足球的技术技能时，也会学习如何通过合适的营养支持和伤害预防措施优化训练效果和比赛表现。

这种跨学科的课程设计不仅帮助学生获得了关于体育运动的全面知识，还培养了他们在运动健康管理方面的能力。此外，这些课程通常包括一些实际案例研究，使学生理解理论与实践的结合是如何在现实世界中被应用的，从而更好地准备他们将来在体育相关领域的职业生涯。

2. 职业技能的多样化培养

通过引入健康科学和营养学，学生不仅能成为体育教练或运动员，还有机会发展成为运动营养师、体育康复师或运动心理顾问等。这种多元化的职业技能培养，极大扩展了学生的职业选择和就业机会。

通过教学方法的创新与实施，高职院校不仅能提供符合现代教育需求的体育教

学，更能使学生更好地面对未来体育行业的多方面挑战。跨学科课程的开发强调了理论与实践的融合，以及健康与体能之间的相互作用，为学生提供了一个全面发展的平台，这是他们职业成功的重要基石。

第二节　高职院校体育类专业实践课堂教学设计

在高职院校中，体育类专业的实践教学是提升教育质量的关键环节。实践课堂不仅是技能训练的场所，更是将理论知识与实际操作相结合的重要平台。为了确保学生在未来的职业生涯中有效地运用所学知识和技能，高职院校必须设计一套系统的、以学生为中心的实践教学计划。这需要教育者深入了解学生的学习需求，创新教学方法，并合理利用现代教育技术，以提高教学效果和学生的参与度。实践课堂的教学设计不仅涉及具体的体育技能训练，如球类运动、田径项目和体操等，还包括战术学习、团队协作能力的培养以及运动伤害的预防与康复。此外，评估与反馈机制的建立也是实践课堂成功的关键，它帮助教师及时调整教学策略，确保教学活动达到预期的教学目标。因此，高职院校体育类专业的实践课堂教学设计是一个全面、多方位的教学活动策划过程，旨在为学生提供一个富有成效的学习环境，使他们在实践过程中精进技能，为将来的专业发展打下坚实的基础。

一、实践课程的目标与重要性

实践课程在高职院校体育专业教学中占据核心地位，因为它们直接关系到学生将理论知识转化为实际操作能力的过程。精心设计的实践课程能够有效提升学生的职业技能，为他们将来的体育职业生涯打下坚实的基础。

（一）体育专业实践课程教学目标

在高职体育教学中，实践课程扮演着至关重要的角色，不仅因为它们提供了实际技能的培养平台，还因为这些技能是学生未来职业生涯成功的关键。

1. 主要学习目标和预期成果

实践课程的主要学习目标包括提高学生的运动技能、增强团队合作能力以及发展战略思维。这些目标不仅关注技能的掌握，还强调心理和战术层面的成熟，这对体育竞赛和日常锻炼重要。预期成果则侧重学生能够在不同的体育环境中熟练地应用这些技能，以解决实际问题。例如，在篮球课程中，学生不仅需要技术上的熟练，如运球、射击和防守技能，还需要理解并执行复杂的战术布置，如快攻战术和防守配合。这要求学生在课程结束时，不仅具备个人技能，还能理解和应用团队战略，从而在真实比赛中更有效地与队友协作。

2. 实践技能的重要性

在体育专业中，实践技能的培养极其关键。这些技能直接关系到学生未来的职业表现和发展。通过参与实践课程，学生有机会在一个安全和支持性的环境中尝试新技能，犯错并从中学习。这种学习过程是单纯的理论学习无法比拟的。实践技能的训练不仅仅是关于技术的掌握，更包括心理调节、团队协作和战术应用的能力。例如，在排球或足球的教学中，学生通过实战演练，可以学会如何在压力下做出快速决策，如何与队友进行有效沟通，以及如何在比赛中实时调整战略。这些技能的培养让学生在完成学业后，无论是继续体育相关的职业生涯还是其他领域，都能表现出色。

通过设定具体而全面的学习目标和预期成果，并强调实践技能的重要性，高职体育教育能够为学生提供必要的工具和技能，以应对未来的职业挑战。

(二) 课程设计的指导原则

1. 教学理念和方法

实践课程的设计应遵循"学以致用"的教学理念，这一理念强调将理论知识应用于实践的重要性。为了达到这一目标，教学方法应当多样化，旨在增强学生对技能的深入理解和灵活运用。例如，案例分析可以帮助学生观察和讨论真实世界中的体育问题及其解决方案，从而更好地理解理论在实际中的应用。模拟比赛则为学生提供了一个实践环境，让他们在类似真实比赛的情境中应用所学技能，这不仅提高了他们的技能水平，还增强了他们的战术应用能力。此外，团队项目鼓励学生合作解决具体的体育任务或挑战，通过团队合作提升领导力和团队协作能力。

2. 以学生为中心和以结果为导向的教学策略

高职体育课程的设计应以学生为中心，充分考虑学生的个体差异、学习需求和职业发展目标。这种以学生为中心的策略意味着课程内容、教学方法和评估方式都应该围绕学生的实际情况和需求设计。以结果为导向的教学策略则要求教师在课程设计之初就明确预期的学习成果，如技能掌握水平和战术应用能力等。教师需要通过持续评估和反馈监控学生的进展，并根据这些信息调整教学计划。例如，教师可以定期进行技能测试和战术运用演练，评估学生的表现，并提供具体的反馈和改进建议，确保每位学生都达到课程目标。

通过这样的课程设计，高职院校的体育专业不仅能教会学生体育技能，还能帮助他们发展为具备高度职业竞争力的体育专业人才。这种教学模式的最终目的是为学生未来在体育领域的成功职业生涯提供坚实的基础。

二、实践课堂的结构与内容

为了充分发挥体育实践课堂的教学作用，高职院校必须精心设计课程内容和结构，以确保学生系统地学习并掌握各项体育技能。这不仅涉及具体技能的训练，还包括战术应用和团队合作等多维度的教学内容。

（一）课程内容安排

1. 体育运动的实践课程内容

体育课程应全面覆盖从基础技能到高级技术的各个方面。例如，篮球课程不仅教授基本的运球和投篮技术，还包括进阶的防守战术和进攻组合，使学生在真实比赛中灵活应用。足球课程则重点教授传球、射门以及战术布置，培养学生的技术熟练度和战术理解。游泳课程则聚焦于各种泳姿的技术细节，如自由泳、蝶泳，以及呼吸控制技巧，确保学生在水中更加自如地移动。

2. 教学方法的多样化

为了有效地传授这些技能，教师应采用多样化的教学方法。直接教学法允许教师展示具体的技术动作，直观地向学生传达技能要点。视频示范则可以提供国内外赛事中的实际应用示例，帮助学生理解技能在高水平竞技中的实际表现。小组讨论和模拟游戏则可以增强学生的参与感，通过团队合作解决问题的方式，提高他们的战术理解和应用能力。例如，教师可以设置模拟比赛场景，让学生在控球、防守或进攻中亲自实践所学技能，同时学习如何与队友进行有效沟通和协作。

通过这样的课程内容安排和教学方法的多样化，学生不仅能在技术上达到熟练的水平，还能在策略和团队协作方面取得实质性的进步，为将来的体育活动或职业生涯打下坚实的基础。

（二）技能发展阶段

1. 学生技能发展的阶段划分

为了高效培养学生的体育技能，教学应该按照技能发展的不同阶段设计和实施。在初级阶段，应将重点放在基础动作的训练上，如在篮球中的运球和基本投篮技巧，在足球中的简单控球和传球技能。这个阶段的目的是让学生掌握每项运动的基础技能，为更高级的技能学习打下坚实的基础。

进入中级阶段，教学内容开始引入更复杂的技能组合和基本战术概念。例如，在篮球课程中，学生将学习如何在 2 对 2 或 3 对 3 的小组形式中应用进攻和防守战术；而在足球课程中，学生则可能开始练习团队协作下的进攻组织和防守反击。

高级阶段则专注于提升学生的战术理解和团队协作能力。在这个阶段，教学内容将涵盖全场战术的运用、心理素质的培养以及如何在高压情境下保持技能的执行力。例如，篮球教学可能包括复杂的战术布置，如挡拆战术的执行和防守时的换人策略。

2. 递进式教学模式的具体实施

递进式教学模式通过将课程内容与学生技能水平相匹配，逐步提升教学难度，从而确保每位学生都能在各自的水平上获得适当的挑战和成长。在实施过程中，教师应不断评估学生的进展，并根据其表现调整课程内容。

例如，初级阶段的学生在掌握了基本技能后，中级阶段将引入更多的战术训练和技能组合。在这一过程中，教师可以利用视频回放和同行评议，帮助学生识别他们的不足并进行针对性地提升。到了高级阶段，教学内容将更加注重综合应用，教师可能会组织模拟比赛或邀请外部教练进行工作坊，以模拟真实比赛环境，培养学生的应变能力和心理韧性。通过系统的分阶段教学与递进式提升，学生可以在各自的发展阶段内最大化技能学习的效果，同时为未来可能的职业发展或更高级的体育活动做好准备。

通过详细的课程安排和分阶段的技能发展计划，高职院校体育类专业的实践课堂不仅能教授学生必要的体育技能，还能系统提升他们的竞技水平和团队合作能力，为他们未来的职业生涯或高级学习打下坚实的基础。

三、教学方法与技术应用

在高职院校体育专业教学中，创新教学方法和先进技术的应用是提高教学质量和学生学习效果的关键。这些方法和技术不仅增强了课程的互动性和实用性，还帮助学生更好地理解和掌握复杂的体育技能。

（一）创新教学方法

1. 项目制学习和案例分析

项目制学习是一种高度实用的教学方法，通过让学生参与从计划到执行的整个项目管理过程，有效地培养其项目管理能力和团队协作技能。例如，学生可以团队合作设计并执行一个体育事件，如校际篮球赛。学生不仅需要策划赛事，还需要负责赛事的宣传、赞助商招募、日程安排和现场管理。通过这种方式，学生能够在实际操作中学习如何应对挑战和解决问题。

案例分析则通过让学生研究真实或模拟的体育案例加深对体育理论和战术的理解。例如，教师可以选择一场国际知名的足球赛事，让学生分析战术安排、球员表现和比赛结果，并讨论如何将这些策略应用到自己的训练和比赛中。这种方法不仅提高了学生的分析能力，还增强了他们的战术规划能力。

2. 模拟教学和实际竞赛

模拟教学是一种通过模拟环境培养学生竞技技能的方法。例如，使用模拟软件进行足球战术演练可以让学生在非实际竞赛的环境中练习战术布置和团队协作，提前体验真实比赛的压力和挑战。这种方法能够让学生在实际比赛前预见可能的场景和困难，从而更好地准备应对。

实际竞赛则是教学过程中的关键环节，提供了一个实战平台，让学生将在课堂上学到的技能和知识应用于真实比赛中。通过参与实际竞赛，学生可以直接测试和提升技能，学习如何在竞赛压力下表现，以及如何与队友进行有效沟通和协作。这种经验不仅加深了技能的掌握，还帮助学生建立了自信，理解团队合作的重要性。

这些创新教学方法的结合使用不仅可以激发学生的学习兴趣，还可以实实在在地提升他们的实战能力和职业技能，为他们未来的体育职业生涯或相关领域的发展奠定坚实基础。

（二）技术与设备的使用

在现代体育教学中，先进的运动测试设备如力量测试仪、速度测试器和生物力学分析设备等，已成为不可或缺的工具。这些设备能够提供精确的测量数据，例如，力量测试仪可以评估学生的爆发力和持久力，速度测试器可以测量短跑速度和反应时间，而生物力学设备则可以分析学生在进行各种运动时的身体机制和力量应用。

这些数据对于学生来说是一种直观的反馈，帮助他们了解自己的身体状况和运动表现。例如，力量和速度的测量结果可以让学生知道自己在哪些方面表现出色，哪些方面还需要改进，从而更加有针对性地调整个人训练计划。

对于教师而言，这些设备提供的数据不仅可以帮助评估教学效果，还可以基于数据结果调整教学策略和训练计划。通过生物力学分析，教师可以观察学生在进行技术动作，如跳投、投掷或奔跑时的身体动态。这种分析可以帮助教师发现学生在动作执行中可能出现的问题，如力量不均、姿势不当或协调性不足，然后提供专业的指导纠正这些问题，优化学生的动作执行和运动效率。

此外，定期使用这些高级设备进行测试可以跟踪学生的进步和成长，从而让学生和教师看到训练成效和学习成果。例如，通过对比学期初和学期末的生物力学分析结果，可以清晰展示学生在掌握复杂技能和提高运动表现上的进步。

这些高级运动设备和分析工具的综合运用，不仅提高了体育教学的科学性和专业性，还增强了教学互动和学生学习的动力，是现代高职体育教学中的重要组成部分。

通过这些创新的教学方法和技术的应用，高职院校体育专业的教学不仅能提供更高效和动态的学习环境，还能使学生更好地应对未来体育行业中的挑战。创新的教学方法和技术的结合，有助于培养学生的实际操作能力、战术分析能力和团队协作能力，从而全面提升他们的职业素养和竞争力。

四、评估与反馈机制

评估与反馈机制是体育教育中至关重要的组成部分，它们确保了教学活动的有效性和教学质量的持续提升。在高职院校体育专业教学中，合理的评估方法和有效的反馈系统对于学生技能的发展和教学策略的优化尤为重要。

（一）实践技能的评估方法

1. 评估学生体育技能和团队协作能力的方法

为了全面衡量学生的体育技能和团队协作能力，评估方法应当多样化。首先，技能测试是评估学生体育技能的基本方法，这些测试通常针对特定运动的技术执行进行标准化评估，如篮球的运球和投篮技能测试，足球的传球和射门技能测试。这些测试不仅可以评量技术熟练度，还可以测定学生的身体素质和运动协调能力。

其次，表现评估在模拟比赛或实际比赛环境中进行，侧重评价学生在实战中的应用能力和战术理解。例如，在篮球教学中，教师可以通过组织小型比赛，观察学生的比赛表现，如进攻决策、防守位置选择和团队配合，这有助于了解学生如何将技能和战术应用于实际比赛中。

最后，同行评价允许学生在彼此的表现上给予评价，这不仅增加了评估的全面性，还促进了学生之间的互动和反思。同行评价可以在团队项目或小组活动后进行，学生基于既定的评价标准，评估同伴的技能执行、团队合作和领导能力。

2. 技能测试、表现评估和同行评价的有效性和公正性

确保评估方法的有效性和公正性至关重要。技能测试和表现评估的设计需要遵循标准化的程序，确保每位学生在相同的条件下进行评估，从而提供可比较的结果。这些评估应当结合定量（如计分）和定性（如观察和描述）的方法，以获得关于学生技能和表现的全面信息。

对于同行评价，尽管它提供了学生间的直接反馈，有助于增加评估的多样性和深度，但需要通过适当培训和指导确保其公正性和客观性。教师应向学生明确评价标准和期望，同时训练学生如何以建设性和专业的方式进行评价。此外，同行评价的结果应与教师的评估相结合，以形成更全面的评价体系。

通过实施这些多样化的评估方法，高职体育教育能够更准确地测量和促进学生的技能发展，同时为教师提供反馈，帮助他们优化教学策略和课程设计。这样的评估机制不仅提高了教学质量，也增强了学生的学习动力和团队协作能力。

（二）持续反馈与改进

1. 持续的反馈机制

持续的反馈机制包括多个方面，旨在通过持续监控和评估提高教学效果和学生表现。首先，定期的学生表现反馈可以通过测试、作业、比赛和表现评估获得，这些评估有助于教师了解学生在技能掌握和应用方面的进步与不足；其次，教学观察，包括同行教师和教学督导的定期教室访问，可以提供外部视角，指出教学方法和教学互动

中的潜在改进点；最后，与学生进行定期访谈，包括个别会谈和小组讨论，为学生提供一个表达教学体验感受和建议的平台。

2. 反馈获取的方法和教学计划调整

获取反馈的方法多样，可以根据教学需求和情境灵活选择。电子调查是一种高效的方式，可以在课程的不同阶段收集学生对教学内容、教学方法和学习环境的看法。学生作业评注则提供了关于学生学习深度和理解程度的具体信息，而口头反馈会议，包括教师与学生的一对一或小组反馈会，可以进一步探讨学生的具体需要和问题。

根据收集到的反馈，教师应及时调整教学计划和策略。如果反馈显示学生在某个技能的掌握上存在困难，那么教师可以增加相关技能的教学时间，采用不同的教学方法，或者设计更具针对性的练习。此外，教师教学方法的评估也是反馈系统的重要组成部分，它不仅帮助教师反思和改进自己的教学策略，还促进教师的专业发展和教学技能的提升。

通过实施持续反馈机制，高职体育教学可以更加精准地满足学生的学习需求，同时提高教学的适应性和效果，从而促进学生在体育技能和团队协作能力上的全面发展。持续反馈机制不仅有助于学生的成长，也是教师专业成长和教学质量提升的关键。

第三节　高职院校体育教师的专业实践能力提升

在高职院校中，体育教师的专业实践能力是提升教学质量和学生学习成果的关键因素。随着体育教育需求的不断演变，教师需要不断提升自身的教学方法、技术运用能力和理论知识，以适应新的教育环境和挑战。此外，高职院校体育教师的专业实践能力不仅影响学生的体育技能学习，更关乎学生身心健康和职业发展。因此，高职院校需要为体育教师提供持续的专业发展机会，如定期的培训、研讨会及参与现代教育技术培训等，以保持教师的教学方法与体育教育最新发展同步。同时，通过实施系统评估和反馈机制，教师能够获得关于自己教学效果的直接反馈，进一步优化和调整教学策略。这种全方位的专业发展设计不仅有助于提升教师的教学效能，更能激励教师探索更多创新教学的可能，为学生提供更加丰富和有效的体育学习经验。

一、教师专业能力的重要性

在高职院校体育专业教学中，教师的专业能力直接影响教学质量和学生的职业前景。体育教师不仅是知识的传递者，更是技能的教练和学生职业发展的引导者。

（一）教师角色的定义与期望

1. 教师的关键作用

体育教师在高职院校中的作用远超过简单的技能传授。他们负责培养学生的团队合作精神、领导力、自我管理和解决问题的能力。这些技能对学生未来的职业生涯至关重要。教师通过各种教学方法和课程设计，如小组合作项目、领导力挑战和策略性体育游戏，使学生在实际应用中学习和练习这些能力。此外，教师通过积极互动和反馈，增强学生的学习动力，提升其参与度和课程满意度，从而在学生心中树立正面的学习榜样。

2. 对教学质量和学生成果的影响

教师的专业能力是高质量教学和优秀学生成果的基石。专业能力强的教师不仅精通体育知识，还擅长课程设计，能根据学生的不同需求和反应灵活调整教学方法和计划。例如，他们可以在观察到学生在某项技能上遇到困难时，迅速调整教学重点或采用不同的教学策略，如进行视频演示、同伴教学或增加实战演练的比例。此外，教师的评估方式也会直接影响学生的学习动力和技能掌握程度，专业能力强的教师会使用多样化的评估方法，如自我评估、同伴评估和实际技能测试，全面了解和促进学生的进步。

通过这些方法，教师不仅提升了教学质量，还优化了学生的学习经历，使之成为他们职业发展道路上的一块坚实基石。教师的这些作用和影响，使他们在高职体育教学中的角色变得尤为重要，不仅是作为知识和技能的传授者，更是作为学生未来成功的关键推手。

（二）教师专业能力的多维度要求

1. 教学技能

教学技能是体育教师的核心能力，它涵盖一系列必需的教育技术和方法。首先，教师必须清晰、准确地传授体育知识和技能，这包括理论知识的讲解和实践技能的教学；其次，教师需要具备设计和实施各种教学活动的能力，这包括创建符合学生需求和学习风格的课程和练习，以及适应不同学习环境和资源的能力；最后，正确的技能演示和对学生技能执行中错误的及时纠正是教学技能的关键部分，这需要教师具备高水平的演示技巧和观察能力。

2. 沟通能力

体育教师的沟通能力对于建立一个积极和包容的教学环境至关重要。教师需要有效地与学生沟通，以激发他们的兴趣和参与感，同时需要在课程中处理学生的反馈和问题。与同事的沟通同样重要，这有助于教师分享教学经验，协同解决教学中的难题，并共同提高教学质量。此外，与家长的有效沟通可以确保家长了解他们孩子的学习进展和遇到的挑战，促进家校合作，共同支持学生的发展。

3. 技术使用能力

在现代教育环境中，体育教师的技术使用能力变得尤为重要。教师应该熟练使用各种教育技术工具，如视频分析软件，这可以帮助学生和教师更清晰地分析和理解运动技术。在线学习平台的运用可以支持教学的延伸和家庭作业的布置，增强学习的连续性和灵活性。此外，虚拟现实设备的使用可以为学生提供沉浸式学习体验，特别是在模拟复杂的体育场景和技能练习时，可以提供安全、可控的学习环境。

这些多维度的专业能力要求体育教师不断学习和适应新的教育工具和方法，以确保有效地支持学生的学习和发展。通过提升这些关键能力，教师将能更好地满足学生的需求，提高教学效果，最终达到提升整体教学质量的目标。

通过提升这些多维度的专业能力，体育教师不仅能更有效地进行教学活动，还能在学生心中树立积极的学习典范，为学生的整体发展和未来职业生涯奠定坚实的基础。

二、专业发展的途径与资源

对于高职院校体育教师而言，专业发展是提升教学质量和职业成就的关键。通过参与持续教育和获取专业认证，教师能不断更新自己的知识库和教学方法，确保在教学前沿保持竞争力。

（一）持续教育与培训

1. 参与持续教育的重要性

为了保持教学技能的先进性和专业知识的现代性，体育教师需要参与各种持续教育项目，如研讨会、工作坊和在线课程。这些活动提供了一个平台，使教师接触和学习当前最新的教学理念、技术和趋势。通过这些持续教育的机会，教师不仅可以提升教学技能，还可以拓宽视野，了解教育界的最新发展。此外，这些培训也是教师专业成长的重要组成部分，帮助他们在教育领域保持竞争力，并应对快速变化的教育需求。

2. 培训的具体帮助

持续教育中的培训项目通常具有高度专业性和实用性。例如，专门的工作坊可能会集中讨论如何在体育教学中有效地应用新技术，比如，使用虚拟现实技术模拟篮球或足球的训练场景，这种技术能够提供安全无风险的环境使学生学习和实践复杂的运动技巧。在线课程则为教师提供了极大的灵活性，使他们在不影响日常教学任务的情况下，随时更新自己的知识和技能。

这些培训活动不仅有助于教师保持教学方法和内容的现代性，还可以增强他们解决教学中遇到的复杂问题的能力。此外，通过系统地学习和实践，教师能够更有效地设计教学策略，提高学生的学习动力和成效。例如，学习如何通过团队项目和互动式学习工具增强学生的团队协作和领导能力。

总之，持续教育与培训是体育教师维持和提升教学质量的关键途径，通过这些活动，教师能够不断适应教育领域的变化，同时提升自身的教学技能和职业素养。这不仅能使他们提供更高质量的教学服务，还有助于整个职业生涯的持续发展。

(二) 专业资格认证

1. 专业资格认证的途径

体育教师可以通过多种途径获得专业资格认证，这些认证旨在确保教师具备所需的教学能力和专业知识。认证程序通常涉及参加专门的培训课程，这些课程涵盖体育学、教育心理学、教学方法论以及急救和安全管理等多方面的知识。完成这些课程后，教师需要通过相应的评估，这可能包括书面考试、实际教学演示以及技能测试等多种形式。

此外，一些认证程序还可能要求教师具有一定的教学经验，或参加特定的研讨会和工作坊，以确保他们在实际教学中应用所学的理论和技术。通过这些全面的认证过程，体育教师可以全面提升教学技能和专业水平。

2. 专业资格认证的作用

专业资格认证对于体育教师而言，不仅是一种职业资格的证明，更是职业发展的一大助力。首先，认证提升了教师的职业地位，使他们在求职和职业晋升中处于有利位置。具有认证资格的教师更有可能获得高级教师职位、成为教学团队的领导或被聘为教学顾问。

其次，认证程序通常要求教师持续参与专业学习和实践，这有助于他们不断更新教学方法和技术，保持与教育最新发展的同步。这种持续的专业发展不仅提升了教师的教学质量，也增强了学生和家长对教育服务的信任和满意度。

最后，通过获得和维持专业认证，教师能够展示他们在体育教育领域的专业承诺和持续的职业道德。这种专业性的展示有助于建立教师与同事、学生及家长之间的信任关系，提升教育合作的质量和效果。

综上所述，专业认证是体育教师职业路径中的关键组成部分，它不仅提升教师的专业技能和知识水平，还为他们的职业生涯开辟了广阔的发展道路。通过这些认证，教师能更有效地传授体育技能，同时能确保教学活动的安全性和高效性。

通过这些专业发展途径，高职院校的体育教师不仅能更新和扩展专业知识，还能不断提升教学技能，最终实现在教育行业的长期成功和学生教育成果的持续提升。

三、实践技能的提升方法

（一）实际教学中的技能应用

在高职体育教学中，教师的专业技能不仅影响教学质量，还直接关系到学生技能的掌握程度。因此，教师持续提升自身的教学能力极其重要。以下是对相关正文内容的扩写，详细阐述了教师应用和提升专业技能的多样化方法。

教师在日常教学中应用和提升专业技能的途径是多样化的。最基本的方式是通过日常的教学活动。例如，体育教师在教授篮球运球技巧时，会通过实际操作演示技术动作，同时指导学生进行实战演练。在这个过程中，教师不仅仅传授技能，更通过观察学生的表现，实时纠正他们的动作，以确保每个技术细节都能正确执行。这种方法不仅帮助学生熟练掌握运球技巧，也使教师在教学中不断磨炼和提升自己的示范与指导能力。

此外，案例教学作为一种有效的教学方法，在体育教学中具有不可替代的作用。通过引入真实的体育事件或竞赛情境到课堂，教师可以让学生更好地理解和应用课程内容。例如，分析一场著名的篮球赛，教师可以引导学生讨论各种战术的使用及其效果，以及如何在比赛中调整策略以应对对手的变化等。这不仅增强了学生的战术理解和分析能力，也提高了他们的批判性思维和问题解决能力。

同行教学则是另一种提升教师教学技能的重要方式。通过教师之间的互相观摩和反馈，教师可以从同事的教学实践中学习不同的教学方法和技巧。这种同事间的交流与合作不仅有助于教师发现并改进自己在教学中的不足，还能促进教师团队内部的知识共享和专业成长。

通过这些多样化的方法，教师不仅能有效传授体育技能，还能在教学过程中不断提升自己的专业技能和教学方法，最终实现教学质量的持续提升。这种专业成长对于高职体育教师来说，是实现教学成功和职业发展的关键。

（二）技术与教具的运用

现代教学技术，如虚拟现实、增强现实和运动捕捉系统，已经开始在体育教学中发挥重要作用。这些技术能够创造逼真的体育场景，提供一个无风险的学习环境，使学生在虚拟环境中反复练习技能。例如，虚拟现实技术可以模拟一个篮球场，让学生在没有实际篮球场的条件下练习投篮和运球，而增强现实技术则可以在学生的视野中增加指导性的图形和数据，帮助他们理解运动的力学原理和动作技巧。

这些技术的应用不仅极大增加了课堂的趣味性，还显著提高了学生的学习动机。通过虚拟环境中的互动式学习，学生可以不受外界环境的限制，安全地进行各种运动技能练习，这种方式特别适合复杂或高风险的体育活动训练。

此外，现代教学技术中的数据分析工具对教师评估学生的表现和进步也至关重要。运动捕捉技术可以精确记录学生的运动数据，如速度、力量输出和动作准确性，教师可以利用这些数据具体分析学生的技术熟练度和运动效率。这种分析帮助教师识别学生在技能掌握过程中的具体问题，如动作的不准确或不协调，进而及时调整教学策略和提供个性化的指导，以优化教学效果。

通过这些高科技教学工具的应用，体育教师能更加科学地教学和评估，学生也能在一个更加动态和互动的学习环境中提高体育技能。这不仅提升了教学的质量和效率，也极大增强了学生学习体育技能的兴趣和效果。

四、反馈与自我评估的重要性

(一) 建立有效的反馈机制

1. 多元化的反馈来源

教师的教学效果评估应依赖多元化的反馈来源，以确保获取全面的教学反馈。首先，学生反馈是评估教学效果的直接和关键来源。通过问卷调查、课后讨论或数字平台收集的即时反馈，教师可以了解学生对教学内容、教学方法和课堂氛围的感受和评价。例如，学生可以评价教学活动的互动性、课程的难易程度以及教学方法的吸引力，这些反馈直接指向教学的改进点。

其次，同行评价则涉及教师之间的互相学习和支持，如同事之间的课堂观摩和观摩之后的反馈会议。这种评价通常更专注于教学技巧和专业发展，同行的观点可以帮助教师识别那些自己可能忽视的教学细节。

最后，专家审查，通常由具有高级教育背景和丰富教学经验的外部专家进行，这可以为教师提供更宏观的评价和建议。专家的反馈可能涵盖教学策略、课程结构设计以及与教学成果相关的长期目标。

2. 反馈的应用

收集到的反馈应被系统地整合与分析，以便教师根据这些信息调整和改进教学策略。如果学生反馈显示对某个教学环节的不满，那么教师可以探索新的教学方法或调整课程内容以提高互动性或实用性。同行评价可以激励教师在同事间开展更多的协作教学项目，或者尝试同事推荐的成功教学策略。专家的建议则可以帮助教师在更广泛的教育理念和政策框架下优化自己的课程设计和教学目标。

通过这样的多维度反馈机制，教师不仅可以提升个人的教学效果，还可以促进整个教学团队的专业成长和协作效率提升，最终达到提高教学质量和学生学习成效的目的。这种持续的评估和调整过程是提升高职体育教学质量的关键。

(二) 教师的自我评估与职业反思

1. 自我评估的实施方法

自我评估是教师用来衡量自己教学效果的一种方法，它允许教师从个人角度出发，审视和评价自己的教学方法、学生互动和课堂管理。这种评估通常涉及多种工具和技术。例如，教学日志可以帮助教师记录每次课程的目标、实施过程以及个人的反思和感受；录像回放则允许教师从外部视角观察自己的教学行为和学生反应，这有助于识别教学过程中的问题和亮点；学生的学习成果数据则提供了量化的反馈，教师可以通过这些数据评估教学策略的有效性和学生学习的进展。

2. 职业反思的重要性

职业反思是教师在教学实践中不断自我完善和调整教学策略的重要过程。通过深入思考自己的教学行为及其对学生学习的影响，教师能够更好地理解教育理论与实践之间的关系，并探索如何将这些理论更有效地应用于教学。例如，教师在某次课程中发现学生参与度不高，他们可能会反思使用的互动模式是否吸引学生，或者课程内容是否足够激发学生的兴趣。基于这种反思，教师可能会尝试采用新的教学工具或方法，如引入更多的技术支持、改变分组方式或调整课程结构，以提高课堂的动态性和学生的参与感。

通过持续的自我评估和职业反思，教师不仅能提高自身的教学质量，还能有效促进自己的专业成长和适应教育领域不断变化的需求。这种方法能确保教师在教育实践中保持自觉性和批判性思维，从而更好地服务学生，提升教学成效。

第四章 高职院校现有体育类专业人才培养模式概述

第一节 高职院校体育类专业人才培养方案综述

在高等体育院校中，人才培养模式多种多样，尚未形成统一标准。杨桦教授从体育学院的基本使命出发，将体育人才分为四大类：竞技体育人才、社会体育人才、体育教师以及其他体育相关人才。基于这一分类，他进一步提出了六种不同的体育人才培养模式[⑥]。

一、优秀运动员的培养模式

在高等体育院校中，优秀运动员的培养模式被设计来确保运动员不仅掌握体育运动的基本理论和专项运动理论，而且达到一流的专项学术水平和运动技术水平。这种培养模式的核心目标是使运动员代表国家参加世界级的重大体育赛事，并在这些赛事中取得优异的成绩。

为实现这些目标，高等体育院校应提供全面而系统的训练和教育方案。首先，学院应确保课程内容涵盖从基础体育理论到高级竞技技巧的广泛知识。运动员需要了解运动生理学、运动生物力学、运动心理学等，这些理论知识是提高运动表现和防止运动伤害的基石。

其次，除了理论学习，实际的技术训练是培养方案的重点。运动员将接受定制的训练计划，这些训练计划由经验丰富的教练团队设计，不仅注重技术和战术的提升，也强调体能和心理素质的培养。通过模拟比赛和实战演练，运动员能够在竞赛中应用所学知识，提高应对高压环境的能力。

此外，为了在国际舞台上取得成功，运动员的培养还应包括对竞赛规则的深入了

---

⑥ 杨桦．"两个战略"协调发展与体育院校改革［M］．北京：人民体育出版社，2004.

解、反兴奋剂教育以及媒体和公关技能的培训。这些技能将帮助运动员在竞技外的方面也能展现专业性，增强其作为运动员的全面能力。

高等体育院校的这一培养模式不仅旨在提升运动员的竞技能力，还致力于塑造他们的职业态度和社会责任感，确保他们在体育领域以及其他人生舞台上都能发挥积极影响。

二、较高层次体育教师的培养模式

在高等教育机构中，较高层次体育教师的培养模式专注于为中等及以上学校输送具备全面专业知识和管理能力的体育教育人才。这种培养模式强调学生不仅要掌握体育科学的广泛理论知识，还要深入了解教育理论和具体的教学技能。

（一）知识和技能的全面掌握

培养较高层次的体育教师首先要求其具备深厚的体育科学理论基础。这包括但不限于运动生理学、运动生物力学、运动心理学以及运动营养学等领域。这些基础知识将为未来的体育教师提供必要的科学支持，使他们根据学生的生理和心理特点设计合适的训练和教学计划。

同时，教师需要掌握教育学的相关知识，例如，教育心理学、教学方法、课程设计和评估等。这些知识将帮助未来的教师了解学生的需求，采用恰当的教学策略，提高教学效果。

（二）实践技能的培养

理论与实践的结合是此培养模式的另一关键点。预备教师将通过实践活动，如模拟教学、实习和案例分析等，提高教学技能。在这些活动中，他们可以在指导教师的监督下进行教学尝试，接受同行的评价，并逐步调整和优化自己的教学方法。

（三）管理技能的发展

除了教学技能外，未来的体育教师还需具备一定的管理能力，这对于在中等以上学校从事体育教学和管理工作尤为重要。管理培训可能包括学校体育设施管理、学生体育活动的组织与协调、体育赛事的策划和执行等。通过这些管理实践，教师能更有效地在学校环境中应用所学专业知识和技能，同时能提升自己的领导力和团队协作能力。

（四）持续教育与职业发展

鼓励未来教师持续学习和职业发展也是此培养模式的一部分。这可能包括参与专业研讨会、继续教育课程和专业发展工作坊等。这些活动不仅有助于教师保持对最新体育科学和教育理论的了解，还有助于他们在职业生涯中不断前进，提升专业竞争力。

通过这种综合性的培养模式，高等体育院校能够为社会输送具备全面能力、专业知识和高度职业素养的体育教师，满足中等以上学校体育教学和管理的需求。这种培养模式不仅强调知识的广度和深度，还关注教师实际教学能力和管理能力的提升。

三、高级教练员的培养模式

（一）高水平运动训练理论的掌握

高级教练员的培养首先要求其具备深厚的运动训练理论知识。这包括但不限于运动生理学、运动生物力学、运动心理学及营养学等基础理论，还需深入了解针对特定运动项目的训练技术和策略。通过这些知识的学习，教练能够设计出科学有效的训练计划，确保运动员的体能和技能得到最优化的发展。

（二）实际教练技能的提升

在学习理论知识的同时，教练的实际教练技能同样重要。这包括但不限于技术指导、战术布局、比赛分析以及应急反应能力。通过在实践过程中的不断尝试和调整，教练能够熟练掌握如何在实际训练和比赛中应用理论，以及如何根据运动员的表现和对手的策略灵活调整训练和比赛计划。

（三）管理知识与管理能力

高级教练员不仅是技术指导者，也是团队的管理者。因此，他们需要具备组织和管理高水平运动队的能力。这包括运动队的日常管理、团队建设、资源配置、心理调控及伤病管理等。教练应能有效地管理运动员和其他辅助团队成员，以确保团队在高效和谐的环境中训练和竞赛。

（四）持续学习与研究

高级教练员的培养也强调持续学习和研究的重要性。教练需要不断更新自己的知识库，跟进最新的运动科学研究和技术进步，以维持其在竞争激烈的体育界的领先地位。参与相关的学术会议、研究项目和专业研讨可以帮助教练保持前沿的专业水平。

通过全面而系统的培养模式，高等体育院校能够为国家和各级运动队输送具备顶尖专业知识和管理能力的高级教练员。这些教练员将在培养国家一级运动员和优秀运动员中发挥关键作用，推动国家体育事业的进一步发展。

四、高层次体育科技人员的培养模式

（一）科研能力的系统培养

体育科技人员的培养首先需要强调科研能力的提升。这包括深入学习体育科学的前沿理论，如运动生理学、运动心理学、运动营养学及运动康复学等。学院应提供丰富的科研资源和机会，如实验室实习、参与科研项目及与国内外知名科研机构合作，以培养学生的研究思维和实际操作能力。

（二）高级科技技能的培养

除了基础科研能力，体育科技人员还需掌握最新的科技工具和方法。这可能包括高级统计软件的使用、大数据分析、生物力学测量技术等。掌握这些技术可以帮助体育科技人员在运动表现分析、伤病预防及运动效果评估等领域发挥专业能力。

（三）国际视野与交流能力

面向国际国内体育机构的体育科技人才需要具备国际化的视野和良好的交流能力。培养计划应包括语言学习、国际交流项目和国际会议参与等内容，使学生在国际舞台上进行有效沟通和展示自己的研究成果。

五、高层次体育管理和外交人员的培养模式

（一）管理知识与技能的提升

体育管理人员需掌握现代管理理论、策略规划及领导力技能。课程应包括体育组织管理、体育市场营销、体育法规政策以及公共关系管理等。通过案例学习和实际管理模拟，学生可以学习如何解决实际工作中的复杂问题。

（二）外交能力与多文化交流

体育外交人员应具备强烈的文化敏感性和外交谈判技能，这要求在教育计划中加入跨文化交流、国际法及国际体育组织的运作知识。通过模拟联合国会议和国际体育组织的交流项目等，学生可以锻炼外交谈判能力和国际合作技巧。

通过这种全方位的培养模式，高等体育院校不仅能培养出具备专业科研和技术能力的体育科技人员，还能培养出能在更广泛领域发挥领导作用的管理和外交专业人才。这些人才将在全球体育舞台上推动本国体育的发展，并在全球健康、教育和体育管理等多个领域产生深远的影响。

六、社会体育指导人员培养模式

培养较高层次的社会体育指导人员是为了适应全民健身和社会体育活动需求日益增长的社会现状。这类体育人才应具备全面的体育理论知识和实践技能，以有效地在社区和社会层面推广体育活动，提高公众的健康水平。

（一）坚实的体育理论知识基础

社会体育指导人员首先需要具备坚实的体育理论知识基础。这包括体育科学的基本原理，如运动生理学、运动心理学、运动生物力学等。这些知识为理解人体运动机制和适应不同人群的体育需求提供了科学依据。

（二）社会体育专业理论、知识和技能的培养

除了基本的体育理论知识，社会体育指导人员还需要掌握专门的社会体育理论和技能。这包括了解各种群体（如儿童、老年人、残疾人等）的体育活动需求，以及如何设计和实施适合这些群体的体育项目。课程中应包括社会体育项目的规划与管理、体育活动的组织与执行，以及急救和安全管理等实用技能。

（三）全民健身和社会体育活动的组织能力

社会体育指导人员应具备组织和推广全民健身计划和其他社会体育活动的能力。这需要他们不仅熟悉体育活动的组织流程，还具备良好的沟通和社交技能，能够动员和激励社区成员参与体育活动。教育课程应提供足够的实践机会，如社区体育活动的

实习、体育俱乐部的管理等，以增强学生的实践经验。

（四）持续教育与专业发展

社会体育指导人员的培养还应注重持续教育专业发展。高等院校应鼓励学生参加国内外的体育研讨会、工作坊和继续教育课程，不断更新他们的专业知识和技能。这有助于学生跟上体育行业的最新发展，同时能扩展他们的专业网络。

通过全面而系统的培养模式，高等体育院校能够为社会输送具备高度专业能力和实践技能的社会体育指导人员。这些人才将在推动全民健身运动、提高公众健康水平以及增强社区凝聚力方面发挥关键作用。

高等体育院校的人才培养模式若涵盖六大类人才，则科研工作量将显著增加，考虑到这些人才类别涵盖优秀运动员、高级教练员、高层次体育教师、科技与管理人员、社会体育指导员以及运动医疗和体育保健专家，我们发现所有类别均需系统的教育、科研与训练能力培养。实际上，无论高等体育院校采取何种分类方法，其教育、科研与训练的结合方式和强度是实施过程中的本质区别。

第二节　高职院校体育类专业既有人才培养模式的实施措施

高等职业教育（高职教育）在当代教育体系中扮演着至关重要的角色。它主要针对中等教育毕业生及在职人员，提供具有实用性和应用性的专业教育，旨在培养技术技能型人才以满足社会和经济发展的需求。高职教育的显著特点是强调实践技能的培养和职业适应性的教学，这种教育模式强调与行业进行紧密结合，课程设计往往依托行业最新需求和技术发展，使教育内容和教学方式具有高度的时代性和前瞻性。

高职体育专业的培养目标主要是为体育行业培养具备专业技能和理论知识的专门人才。这些目标不仅包括提升学生的体育技能和竞技能力，更重要的是提高学生的教学、管理、科研能力，使其在体育教育、体育管理、体育科研和体育服务等领域胜任多种职务。此外，高职体育专业也致力于学生身心健康的全面发展，增强其社会服务能力，以促进社会体育的普及和发展。培养这样的体育专门人才，对于推动国家体育事业的进步、提高国民健康水平及促进社会经济的全面发展具有重大意义。

一、高职体育教育的人才培养模式

高职体育教育的人才培养模式专注于满足体育行业对专业技能和综合素质的双重需求。通过创新的教育策略和课程设计，这些模式旨在培养能够适应快速变化的体育领域的专业人才。

（一）竞技体育与健康管理双轨制培养

在高职体育专业中，竞技体育与健康管理双轨制培养是一种重要的教育模式，旨在为体育行业培养全方位的专业人才。这一模式融合竞技体育与健康管理两个维度，不仅注重培养学生在竞技体育领域的专业能力，如教练技能、运动员管理以及赛事组织能力，也强调健康管理的重要性，涵盖健康促进、康复训练和营养指导等关键领域。

1. 竞技体育培养方向

在竞技体育领域，该教育模式着重培养学生的技术和战略理解能力，使其在未来的职业生涯中承担教练或技术分析师的角色。课程内容涉及运动技巧的提升、竞赛策略的制定以及团队管理。通过实际操作与理论学习相结合，学生能够深入理解运动表现的科学原理，并应用这些知识优化训练和比赛成果。

2. 健康管理培养方向

健康管理方面的教育则强调预防医学和长期健康维护的重要性，特别是在康复训练和营养指导方面。课程设计旨在培养学生理解和实施有效的健康管理策略，这些策略能够帮助运动员和普通人群优化其健康和体能表现。通过学习如何设计个性化的营养计划和恢复方案，学生将能在体育健康促进、社区健康管理及老年人健康维护等多个领域发展其职业生涯。

3. 职业道路的拓宽

此种双轨制培养模式极大拓宽了学生的职业道路。在竞技体育方面，毕业生可以追求成为体育教练、体育团队的管理人员或是赛事组织者。在健康管理领域，职业机会则包括成为健康顾问、康复训练师或营养专家。此外，这种跨领域的专业技能也为学生提供了在体育行业承担更多元化角色的能力，如参与体育政策制定、体育设施管理以及公共健康推广活动。

总之，竞技体育与健康管理双轨制培养模式通过提供广泛的教育资源和实践机会，确保学生能够在体育领域的不同分支中找到合适的工作机会，满足个人职业发展及市场需求。这种模式的实施不仅提升了教育的适应性和实用性，还强化了高职体育专业的社会服务功能。

（二）课程设置与教学方法

1. 理论教学与实践技能相结合

在高职体育教育中，将理论教学与实践技能相结合视为培养高质量体育人才的核心策略。此方法不仅可以确保学生掌握必要的学科理论，而且可以通过实际操作提高其应用这些理论的能力。

（1）理论教学的深化

理论教学在高职体育专业中占据基础而关键的位置，为学生提供了必要的科学知识和理论基础。理论课程内容广泛，涵盖运动生理学、运动心理学、体育教育法等多个方面。例如，运动生理学课程让学生理解人体在各种运动负荷下的生理反应和适应机制；运动心理学则帮助学生掌握提高运动员心理素质和竞技状态的策略；体育教育法则教导学生相关的法律法规，为其将来的职业生涯提供法律指导。

（2）实践技能的培养

与理论教学并重的是实践技能的培养，这是体育专业教育的一大特色。通过实验、实习和现场训练等多样化的教学方法，学生能够将课堂上学到的理论知识应用到实际工作中。实验通常在设备齐全的实验室进行，通过模拟实际运动场景，让学生直观地学习测量和分析运动过程中的各种生理和心理数据。实习则侧重在真实的体育机构或教育机构中进行，如学校体育教学或体育俱乐部，学生在实习过程中能够在指导教师的监督下进行教学或训练指导。现场训练则通常在体育场或运动场进行，侧重运动技能的实际操作，包括赛事组织、运动训练和伤病预防等内容。

（3）教学法、运动训练方法与伤病预防

这些实践活动不仅加深了学生对体育运动细节的理解，还通过教学法的训练提升了他们的教学技能。例如，学生将学习如何设计课程、如何进行课堂管理、如何评估学生的学习效果等。在运动训练方法方面，学生将学习不同运动项目的训练技巧和策略，以及如何根据运动员的个体差异制订个性化训练计划。而在伤病预防和康复方面，学生则需要掌握基本的运动损伤处理知识和康复训练技术，这些技能对他们未来的职业生涯至关重要。

通过理论与实践的紧密结合，高职体育教育不仅提高了教育的效率和实效，也为学生将来的职业生涯奠定了坚实基础。

2. 课程内容的现代化与多样性

在高职体育教育中，课程内容的现代化与多样性是培养学生适应快速发展的体育行业所必需的。通过整合最新的科研成果和技术进步，以及引入与传统体育教育相结合的跨学科课程，学生能够在多变的职业环境中展现出色的竞争力和适应力。

（1）现代化的课程内容

课程内容的现代化不仅反映在教材和教学方法的更新上，还体现在整合最新的体育科学成果和技术应用中。例如，运动科技，如可穿戴设备、运动表现监测系统和虚拟现实技术，被用来提高训练效果和比赛表现。数据分析技术，如生物力学分析和统计学方法，也被广泛应用于运动员表现评估和竞技策略优化。这些技术的应用使学生以科学的方式分析和解决体育领域中的实际问题，提升他们的专业能力。

（2）课程内容的多样性

为了增强学生的市场适应性和创新能力，高职院校引入了多样化的跨学科课程。这包括体育营销、体育传媒、体育旅游等，这些课程涉及体育产业的多个方面，帮助学生理解体育活动与广告、媒体、旅游业等其他行业的交互作用。例如，体育营销课程教授如何通过市场调研和营销策略推广体育赛事和产品；体育传媒课程则讲授如何利用各种媒介平台进行体育事件的报道和推广；体育旅游课程则探索如何将体育赛事与旅游产品相结合，创造新的商业机会。

（3）培养批判性思维和解决问题的能力

现代化和多样化的课程设计不仅传授知识，更注重培养学生的批判性思维和解决复杂问题的能力。通过案例研究、项目驱动式学习和团队合作项目，学生被鼓励批判性地分析问题，并提出创新解决方案。这种教育模式能够使学生在面对职业生涯中的挑战时，展现出独立思考和适应新环境的能力。

通过这些教学策略，高职体育专业的学生将能获得必要的理论知识与实践技能，同时具备在多样化职业环境中取得成功所需的市场适应性和创新能力。这种全面的教育准备将极大增强学生的职业竞争力和未来发展潜力。

（三）专业技能与综合素质的双重注重

高职体育教育不仅专注于专业技能的培养，更广泛强调学生综合素质的提升，以确保毕业生不只在技术上熟练，还能在职业生涯中展现出卓越的领导力、团队协作能力、沟通能力和高标准的职业道德。

1. 培养领导力和团队协作能力

领导力和团队协作是职场成功的关键因素，特别是在体育行业，这些能力的重要性不言而喻。高职体育课程通过各种团队项目和活动，如运动队的管理、体育赛事的组织策划等，实际培养学生的领导能力。在这些活动中，学生不仅要学会如何指挥和激励团队成员，还要学习如何在压力下做出快速决策，以及如何调动和利用团队的资源和优势达成共同的目标。

2. 增强沟通能力

有效的沟通能力是体育专业人才必备的技能，关乎教练与运动员、管理人员与团队成员之间的协调和理解。课程通过模拟面试、演讲和团队讨论等方式，系统地训练学生的口头和书面沟通技巧。学生将学习如何清晰、准确地表达思想，并学习如何倾听他人意见，以增进团队内的理解和协作。

3. 职业道德和伦理决策

职业道德教育是高职体育教育中的重要组成部分，它关乎学生将来能否成为社会所尊重的体育专业人才。通过职业道德讨论、伦理案例分析及模拟职业道德困境的解决方案，学生在课程中不仅学习到行业标准和法规，更重要的是，他们学会了在面对道德困境时做出正确的选择。这种训练可以帮助学生建立起强烈的责任感和正确的价值观。

4. 实践环境中的应用

所有这些技能和素质的培养都不是孤立进行的，而是在接近真实的工作环境中进行综合训练。通过实习、模拟工作环境的项目以及与业界进行互动，学生有机会将课堂上学到的理论知识和技能应用于实际工作中，从而真正做到学以致用。

这种全面的教育模式确保了高职体育专业学生不仅技术娴熟，更具备解决复杂问题的能力、高效的沟通和团队协作能力以及坚定的职业道德标准，为他们将来在体育行业取得成功奠定了坚实基础。

二、实施措施与策略

为确保高职院校体育专业人才培养模式的有效实施，需采取一系列具体措施和策略，涵盖教学资源与设施的建设、教师团队的建设与发展，以及学生实践能力的提升。

（一）教学资源与设施的建设

1. 现代化教学设施与器材

高职院校需不断更新和升级教学设施与器材，以支持体育教学的现代化需求。这包括投资高标准的体育场馆、专业的运动设备和先进的测量工具，如运动生理测量设备和生物力学分析工具。这些设施和器材不仅可以提高教学质量，还可以增强学生的学习体验，使他们在实践过程中直接应用最新的科技。

2. 数字化教学资源的开发

随着信息技术的发展，数字化教学资源成为教学创新的重要方面。高职院校应开发和整合电子学习平台，如在线课程、虚拟现实和增强现实教学工具，这些工具可以模拟世纪体育活动和情境，提供互动性强的学习环境。此外，创建数字化的教学资料库，包括视频教程、案例研究和互动模拟，也是提高教学效率和质量的关键。

（二）教师团队的建设与发展

1. 教师资格与专业培训

高职院校体育专业的教学质量在很大程度上依赖教师的专业能力和教学技巧。因此，定期为教师提供专业培训和资格提升的机会至关重要。这包括最新体育科学发展的研修、教学法和学生评估技巧的培训等。通过持续的专业发展，教师可以保持教学方法的先进性和高效性。

2. 国内外交流与合作

教师团队的国际视野和创新能力可通过国内外的学术交流与合作得到拓宽和提升。鼓励教师参与国际会议、短期访学与合作研究项目，可以帮助他们获取最新的教育资源，了解国际教育趋势，并将这些新知识和经验融入日常教学。

（三）学生实践能力的提升

1. 校内外实习与实践平台

为了提升学生的实践能力，高职院校应提供广泛的校内外实习和实践机会。这包括与体育组织、健康俱乐部、运动队及其他相关机构合作，安排学生参与真实的工作环境，如教学助理、体育活动组织或体育设施管理等。这些经验不仅可以增强学生的职业技能，也可以帮助他们理解理论知识在实际工作中的应用。

2. 专业比赛与技能竞赛

参与专业比赛和技能竞赛是学生展示和锻炼技能的重要途径。高职院校应定期组织或支持学生参加各类体育比赛和技能挑战，这不仅可以提高他们的竞技水平，还可以培养他们的团队协作能力和竞赛精神。通过这些活动，学生可以在竞争中学习、成长，并准备好迎接未来的职业挑战。

通过这些综合性的措施，高职院校能够有效实施体育类专业的人才培养模式，为体育行业培养出具备高水平理论知识和强大实践能力的专业人才。

三、学生综合素质培养

在高职体育教育中，除了专业技能的培养外，学生的综合素质发展也是教育过程中不可或缺的一部分。综合素质的提升有助于学生在未来的职业生涯中更好地适应、创新和领导。

（一）学生领导力与团队协作能力培养

领导力和团队协作能力的培养对于体育专业学生而言至关重要。这不仅可以帮助他们在竞技场上取得成功，也可以为他们将来在体育或其他行业的职业发展打下坚实的基础。

1. 实践活动

在高职体育教育中，实践活动和培训研讨会是两种重要的教学策略，它们旨在提升学生的领导力和团队协作能力。这些策略不仅帮助学生学习理论知识，更重要的是，通过实践经验的积累，培养他们在真实工作环境中的应用能力。

实践活动在高职体育教育中起到核心作用，尤其是在培养领导力和团队协作能力方面。通过具体的体育活动、项目管理和领导团队项目，学生有机会在接近真实的工作环境中实践所学知识和技能。

①体育活动组织：学生负责规划和执行各类体育赛事和活动，b并从中学习如何设计活动流程、管理参与者和处理突发事件。这不仅提高了他们的组织能力，也锻炼了他们的快速决策和问题解决能力。

②项目管理实践：在这些项目中，学生需担任项目经理或团队领导的角色，负责项目从计划到执行的全过程。这种实践经历能够使学生实际应用项目管理的技术和工具，如时间管理、资源分配和团队协调。

③团队协作训练：通过体育竞赛和团队建设活动，学生能够实践如何在团队中发挥领导作用，以及如何与队友进行有效沟通与合作。这些活动还帮助学生理解团队动力，增强他们解决内部冲突的能力。

2. 培训研讨会

培训研讨会提供了一个系统学习和讨论领导力理论与团队建设策略的平台。这些研讨会通常由经验丰富的讲师或行业专家主持，使学生深入了解现代领导理论和团队管理的最佳实践。

①领导力理论：在研讨会中，学生将学习不同的领导风格和理论，如变革领导、服务型领导等，并探讨这些领导风格在体育管理中的应用。

②团队动力学：通过案例研究和角色扮演，学生可以了解团队内部如何运作，包括团队构建、激励机制和冲突管理。这些知识对未来在体育或其他行业中管理团队至关重要。

③冲突解决策略：研讨会还会教授有效的冲突解决技巧，帮助学生学会在发生意见分歧时如何进行调解和协商。

通过结合实践活动与培训研讨会，高职体育专业的学生不仅能学习到理论知识，还能通过实际操作提升实践能力，为将来的职业生涯奠定坚实的基础。这种教育方法有效地将课堂学习与实际工作环境相结合，使学生在竞争激烈的就业市场中脱颖而出。

（二）体育伦理与职业道德教育

1. 课程设置

体育伦理和职业道德课程的设置旨在将这些重要主题融入学生的日常学习。这些课程的内容广泛，涵盖体育哲学、体育法律以及道德决策等多个方面，旨在为学生提供全面的知识背景，使他们在未来的职业生涯中做出道德和法律上恰当的判断。

①体育哲学：这部分课程探讨体育活动中的价值观和目的，帮助学生理解体育如何作为一种文化和社会现象反映人类价值观和社会结构。

②体育法律：通过教授与体育相关的法律知识，如合同法、伤害法和国际体育法

规，学生将了解维护运动员权益、组织正当比赛和管理体育组织的法律框架。

③道德决策：课程包括如何在复杂情境中进行道德决策的训练，教授学生如何在面对道德困境时利用道德原则和伦理理论做出选择。

2. 案例分析

案例分析是教授体育伦理和职业道德的有效方法，通过分析历史和当代体育中的真实案例，学生可以深入了解体育行业的实际道德问题。

①历史案例：如分析过去体育比赛中的兴奋剂使用问题、赛场暴力、性别歧视等案例，让学生探讨这些行为的道德含义和后果。

②当代案例：关注当前体育界的热点问题，例如，运动员在社交媒体上的行为标准、电子竞技的公平性问题等，使学生了解新兴领域中的伦理挑战。

③角色扮演和模拟决策：通过模拟活动，让学生扮演教练、运动员或体育管理者的角色，面对特定的道德困境进行决策，这种互动性学习能够增强学生的实际应用能力。

通过这些课程内容和教学方法的结合，学生不仅能理解体育活动中的伦理问题和职业行为标准，而且能在面对实际问题时，运用所学的道德原则和法律知识，做出恰当的职业行为选择。这样的教育模式为学生将来成为道德和专业标准兼备的体育行业专业人才打下坚实的基础。

（三）创新意识与解决问题的能力培养

创新和问题解决能力是现代体育专业人才必须具备的能力，特别是在竞争激烈的体育市场和快速变化的技术环境中。为了在这种环境下脱颖而出，高职体育专业学生需要具备面对新挑战和机遇的技能。

1. 创新工作坊

为了激发学生的创新思维，高职院校可以组织系列的创新工作坊，这些工作坊专注于开发学生的创造力和实际应用能力。通过参与这些活动，学生能够从多个角度了解体育产业的需求，并探索满足这些需求的新方法。

①创业指导：工作坊提供创业基础教育，帮助学生理解如何从一个初始想法发展到完整的商业计划。教授学生市场研究、商业模型构建以及资金筹集的基本技能。

②产品设计：在产品设计环节，学生学习如何将创新理念转化为实际可用的体育

产品或服务。这可能涉及新型运动设备的设计、体育应用软件的开发或健康相关产品的创造。

③市场策略：工作坊还强调如何为新产品制定有效的市场进入和推广策略。学生将学习如何识别目标市场、定位产品以及利用数字营销工具进行推广。

2. 项目导向学习

项目导向学习是一种通过实际项目实施培养学生创新和批判性思维能力的教学方法。此方法通过让学生亲身参与解决具体问题的整个过程，增强他们的综合能力。

①项目规划：学生在教师的指导下，学习如何规划项目，设定明确的目标和时间表。在这一过程中，他们必须考虑资源的可用性、项目的可行性和预期的挑战。

②执行与实践：在项目执行阶段，学生将实际操作并应用所学知识和技能。这通常包括组织活动、管理团队、实施技术解决方案等，早执行过程中，学生需要动态调整计划以适应实际情况。

③评估与反思：当项目结束后，学生需要评估项目的成功与否及其影响。通过这种反思，学生能够识别在项目中表现出色的地方和需要改进的地方，这有助于他们在未来的项目中做得更好。

通过结构化的实践和创新教育方法，高职体育专业的学生能够发展出适应现代体育市场需求的关键技能，为将来在体育行业的成功奠定坚实的基础。高职体育专业不仅能提升学生的专业技能，还能全面提高他们的社会责任感、伦理标准、领导力和创新能力，为他们未来的职业生涯和个人发展奠定坚实的基础。

四、评估与反馈机制

有效的评估与反馈机制是高职院校体育专业教育质量保证和持续改进的关键。这一机制确保教育活动与市场需求保持一致，并帮助教育机构在培养体育人才的过程中不断优化和调整教育策略。

（一）学习成果的持续评估

持续评估在高职体育教育中起着至关重要的作用，它帮助教育者及时了解和监控学生的学习进度和教学效果。通过精心设计的评估体系，教育机构能够确保教学质量和学生学习成果符合教育目标。

1. 定期测试与考核

定期的理论和实践测试是衡量学生学习成果的重要手段。这些测试通常包括以下几个方面。

①课程结束测试：在每个学期或课程结束时进行，评估学生对课程知识点的掌握程度。这种测试可以是笔试、口试或电子测试形式，覆盖所有主要的课程内容。

②技能演示评估：特别针对实践技能，如体育技能、教学方法等，通过实际演示评估学生的操作熟练度和技术掌握程度。

③项目完成情况：评估学生参与的长期项目或研究的完成质量和效果，这包括项目报告、最终呈现或防守等。

这些考核帮助教育者了解学生是否达到了预定的学习目标，同时为学生提供了反思和改进自己学习方法的机会。

2. 形成性评估

形成性评估是一个持续的过程，旨在通过在教学活动中不断收集反馈信息支持学生学习。形成性评估包括以下几个方面。

①同行评审：学生相互评价对方的作业或表现，帮助彼此识别优点和改进点。

②教师的即时反馈：在课程或活动进行中，教师提供即时反馈，指导学生如何改进技能和知识理解。

③自我评估：鼓励学生进行自我评估，反思自己的学习过程和成果，增强自我调整和自我管理的能力。

形成性评估的目的是促进学生的积极参与和自我反思，通过持续进步提高学习成效。

3. 综合能力评估

综合能力评估是通过多样化的评估方法全面了解学生的专业技能和综合素质发展情况。综合能力评估通常包括以下几个方面。

①多学科项目：学生在跨学科的项目中展现其综合应用知识的能力，这些项目要求学生综合使用多方面的技能和知识解决实际问题。

②实习表现：通过在实习单位的表现评估，了解学生在实际工作环境中应用其专业技能的能力。

③团队协作项目：评估学生在团队中的表现，包括领导力、协作能力、沟通技

巧等。

通过综合性的评估，教育者能够全面了解学生在理论学习和实际应用中的表现，确保学生在毕业后顺利适应职场需求。这种评估也有助于教育机构对教学计划进行调整和优化，以更好地满足教育目标和学生需求。

（二）教学反馈与质量监控

持续的教学反馈与质量监控是确保教学标准和提升教学质量的关键环节，尤其在高职体育教育领域尤为重要，因为这直接影响未来体育专业人才的培养效果和质量。

1. 学生反馈

定期收集学生反馈是了解教学效果和满足学生需求的直接方法。这一过程可以通过多种方式实施。

①问卷调查：通过电子或纸质问卷收集学生对课程内容、教学方法和教师表现的看法。问卷设计应包括封闭和开放式问题，以获得量化数据和详细的反馈意见。

②面谈：定期安排面对面的反馈会议，让学生有机会直接表达他们的意见和建议。这种方法尤其适用于收集关于课程内容和教学方法的深入见解。

③在线反馈平台：利用学校的教育技术系统，如学习管理系统，提供一个方便学生随时提交反馈的平台。在线系统的优势在于能实时收集和处理数据，快速响应学生的需求。

通过这些方法，教育机构可以及时了解和调整教学策略，确保教学活动满足学生的学习需求和期望。

2. 教师互评

教师互评是提升教学质量和教师专业发展的重要手段。这种同行评价机制包括以下几个方面。

①课堂观摩：教师相互访问对方的课堂，观察并评价教学方法和学生互动。观摩结束后，参与教师可进行讨论，分享观察到的优点和可改进之处。

②教学案例研讨：定期组织教学研讨会，让教师共同分析特定的教学案例或挑战，探讨不同的解决策略和教学方法。

这种互评不仅促进了教师之间的知识和经验分享，还有助于建立一种支持与合作的教师文化，从而整体提升教学质量。

3. 外部评审

引入外部专家进行教学质量的定期审核是确保教学标准和不断改进的重要途径。这包括以下几个方面

①定期审核：邀请行业专家或学术同行对教学内容和方法进行评审，以确保课程与行业标准相符合，并引入最新的教育创新。

②认证程序：参与国内外的教育认证程序，如专业认证，不仅可以提升学校和项目的声誉，也可以使学校保持一定的教学质量标准。

③反馈实施：根据外部评审的结果，学校应制定和实施相应的改进措施，以解决被识别的问题和不足。

这些外部评审活动不仅有助于提高教学标准，还能显著增强教育机构的公信力，确保学生接受的教育质量得到行业和社会的广泛认可。通过综合的反馈和评审机制，高职院校能够有效监控和提升体育教育的质量，为学生提供最优质的教学环境和学习体验。

（三）毕业生就业追踪与反馈

追踪毕业生的就业情况和职业发展对于评估教育机构的教育质量和人才培养效果至关重要。通过实施系统的追踪和评估程序，教育机构能够更准确地了解其教育服务的实际成效，以及毕业生在职业场所中的表现如何与市场需求对接。以下是具体实施策略：

1. 就业数据收集

收集毕业生的就业数据是了解教育成果的基本方法，这些数据包括但不限于以下几个方面。

①就业率：这是衡量毕业生在毕业后一定时间内获得工作的比率，是评估课程实用性和市场适应性的关键指标。

②就业岗位和行业分布：收集毕业生进入的具体行业和岗位类型，可以帮助教育机构评估其课程设计是否符合行业需求，以及是否为学生提供了必要的技能准备。

③薪酬水平：通过分析毕业生的起始薪酬和职业发展中的薪酬变化，可以间接反映教育质量和市场认可度。

这些数据应通过与行业数据库的对比分析，评估毕业生就业情况与全国或行业平

均水平的匹配度，从而得出教育成果的市场适应性评价。

2. 毕业生调查

毕业生调查是另一种重要的追踪方法，通过直接从毕业生那里获得反馈，教育机构可以更深入地了解教学效果。

①知识和技能的职业应用：询问毕业生在工作中如何应用在校学到的知识和技能，以及这些知识和技能在实际工作中的效用和适用性。

②教育经历的满意度：评估毕业生对其教育经历的总体满意度，包括课程内容、教学质量、设施设备等方面。

③改进建议：征询毕业生对课程改进的建议，特别是从他们的实际工作经验出发，提出有针对性的课程调整意见。

3. 雇主反馈

与雇主进行定期的沟通和反馈收集，是评估毕业生在职业场所表现的直接方式。

①工作表现：从雇主那里获得关于毕业生在具体工作职责上的表现评价。

②专业能力：评估毕业生的专业技能和知识在实际工作中的应用效果，以及他们解决工作中问题的能力。

③教育内容调整：基于雇主的反馈，调整教育内容和教学方法，确保课程内容与行业的最新发展和需求保持同步。

通过综合的追踪和评估策略，教育机构不仅可以确保其教学活动与市场需求保持一致，还可以持续改进教学策略和课程设计，更有效地培养符合行业需求的体育专业人才。这种反馈机制有助于教育机构建立和保持高标准的教育质量，从而增强其在教育行业的竞争力和声誉。

第五章 高职院校体育类专业人才培养模式创新

第一节 高职院校体育类专业教学模式创新

在当前全球教育环境中，创新已成为推动高等教育发展的核心动力之一。特别是在高职院校体育类专业的教学中，面对日益激烈的市场竞争和快速变化的技术发展，传统的教学模式已经难以满足新一代学生的需求和期望。因此，探索并实施教学模式的创新变得尤为重要。这种创新不仅涉及教学方法和教学工具的更新，更包括课程内容、评估方式以及师生互动模式的根本改革。

一、明辨社会需求方向

（一）市场趋势分析

为了确保教育内容的实用性和前瞻性，高职院校需要定期分析体育行业的就业市场趋势。这一过程不仅能帮助教育机构保持与行业发展的同步，还能确保学生在毕业后顺利地进入劳动市场，具备所需的技能和知识。

1. 就业市场趋势

（1）职位空缺和行业需求

通过分析就业数据，包括职位空缺数量、职业类别和地理位置分布，教育机构可以确定哪些体育专业领域目前有增长的需求。这些数据还可以揭示特定技能或资格证书的需求增长，指导课程设置的方向。

（2）行业增长统计

研究行业增长统计可以帮助高职院校了解整个体育行业的发展趋势，包括哪些领域正在迅速发展，哪些领域可能正逐渐饱和。例如，健康和健身领域可能显示出强劲的增长动力，而传统体育教育领域可能增长缓慢。

2. 新兴领域和技能需求

科技的进步已经显著改变了体育行业的面貌，新兴技术如数据分析和虚拟现实正在变革传统的训练和比赛方式。

①技术整合：数据分析在运动表现优化中的应用越来越普遍，为教练员提供了精确的运动员表现数据，帮助他们制订更加个性化的训练计划。高职院校需要在课程中加入数据分析技能的培训，以满足行业需求。

②虚拟现实和增强现实：虚拟现实和增强现实技术的使用不仅限于游戏和娱乐，它们在体育训练和治疗中的应用提供了无风险的模拟环境，使运动员在安全的条件下练习和提高技能。教育机构应考虑引入相关技术课程，教授学生如何有效利用这些工具。

通过对就业市场趋势的细致分析和对新兴领域及技能需求的及时响应，高职院校不仅能提供与市场密切相关的教育内容，还能预见行业发展，为学生提供先进的知识和技能，使他们在竞争激烈的就业市场中具备优势。这种策略性的课程设计和市场适应性分析，确保了教育质量的持续改进和学生就业能力的最大化。

（二）行业专家咨询

与体育行业领军人物进行直接对话可以为教育创新提供宝贵的一手资料，从而确保教育内容和实践不仅能跟上当前的行业标准，而且能预见并适应未来的变化。

①行业领袖访谈：与体育行业内的成功教练、管理人员、政策制定者及顶尖运动员进行深入访谈，可以收集到关于行业发展方向和教育需求的具体信息。这种直接的信息交流能够让教育者了解哪些技能和知识在当前和未来是最重要的，以及行业中存在哪些新兴的职业机会和挑战。例如，访谈可以围绕如何提高运动员的表现、技术创新、运动伤害预防以及运动心理学的应用等话题展开。

②行业研讨会：通过组织或参加体育行业研讨会，教育者和学生不仅可以了解最新的行业动态，还可以直接从行业实践者那里学习到哪些技能是行业目前最迫切需要的。这些研讨会通常会涵盖一系列的主题，包括但不限于运动训练的创新方法、体育市场的最新趋势、体育法规与管理实践，以及健康与营养科学的最新研究。参与这类活动不仅能增强学生的专业知识水平和实践技能，还有助于他们建立起宝贵的行业联系，为未来的职业发展铺平道路。

通过与行业专家的直接互动和咨询，高职院校能够显著提升其体育教育的相关性和实效性，确保其教学内容和毕业生能够满足体育行业不断演变的需求。行业与教育的紧密结合不仅有助于学生的就业，也推动了教育内容的持续创新和改进。

（三）毕业生就业反馈

毕业生的就业状况和职业发展是评估教育成果的一个重要指标。通过以下几种方式，我们可以更加全面地理解和评估毕业生的职业发展情况。

①职业发展路径追踪：我们定期追踪毕业生的职业路径，包括他们在不同行业和领域的职位稳定性、职业晋升速度以及职业满意度。这些数据可以帮助我们分析教育项目的长期效益，以及毕业生适应职场变化的能力。

②毕业生调查：通过设计详尽的问卷或进行深入访谈，我们收集毕业生关于课程内容适用性、所学技能的实际应用性，以及他们的教育经验反馈。这些信息对我们了解教育内容与实际工作需求的对接程度至关重要。

③就业率和就业质量评估：我们不仅关注毕业生的就业率，还深入分析就业的质量，如工作匹配度、行业认可度及薪资水平。这些指标反映了我们的教育质量和行业影响力。

④校友网络和职业支持：建立健全的校友网络系统，为毕业生提供持续的职业发展支持和资源，包括职业咨询、再教育机会以及行业交流活动。通过这样的平台，校友之间可以互相学习、共享资源，并获得职业上的进一步发展。

这些努力共同构建了一个多维度的评估体系，不仅可以帮助学校提升教育质量，也可以使毕业生在竞争激烈的职场环境中获得成功。

体育教育不仅仅是关于运动和技能的传授，也深深植根于社会和文化的土壤中。了解并考虑这些社会和文化因素对于设计和实施有效的体育教育课程至关重要，特别是在多元文化和快速变化的社会环境中。以下详细探讨了体育教育中的社会和文化需求考量。

（四）社会与文化需求考量

体育教育的社会和文化背景对于确保教育内容的相关性和接受度极为重要。以下是如何综合考虑这些因素以优化体育教育的几个方面。

①社会期待：社会对体育教育的期望是多方面的，并且随时间的变化而变化。例

如，随着生活方式的变化和健康问题的增多，现代社会越来越重视体育在促进公共健康、防止疾病如肥胖和心血管疾病中的角色。此外，体育活动在提高国民体质、增强青少年自信和社交能力方面也被赋予了更高的期待。高职院校应通过调研了解这些变化，并据此调整课程设计，以更好地服务于社会的需求。

②文化影响分析：不同文化背景对体育教育的需求和接受度具有显著的影响。例如，某些文化可能更重视集体运动和团队合作，而其他文化可能更偏好个人竞技和表现。此外，一些地区可能对某些体育项目有历史性的偏好，这可能是受地理、气候条件或传统影响。教育机构需要识别这些文化特征，并将其融入课程设计，以提高学生的参与度和学习效果。这包括提供符合地方文化偏好的体育活动，以及在教学中融入本地的体育传统和价值观。

③整合社会文化元素：在课程设计中有意识地整合社会文化元素，可以帮助学生更好地理解体育活动在不同文化中的角色和意义。例如，通过研究不同国家的体育历史和体育英雄，学生不仅能学到体育技能，还能深入了解体育如何塑造国家身份和集体记忆。

通过这样的社会和文化需求考量，体育教育能够更深入地影响学生，不仅提升其体育技能，也拓宽其文化视野和加深其社会理解，从而培养出更全面的个体。这种综合考虑社会文化因素的教学策略，能够使体育教育在高职院校中发挥更大的教育和社会价值。

通过这些综合性的研究和分析，高职院校能够更准确地定位体育教育的创新方向，制定与时俱进的教学策略，以适应不断变化的社会需求和市场环境。这种针对性的教育模式创新，不仅能提升学生的就业竞争力，还能提升高职院校的行业地位和社会影响力。

二、设定符合社会需求的培养目标

在高职院校的体育教育中，设定与社会需求相符的培养目标对于确保教育成果与行业标准及市场需求的一致性至关重要。以下详细描述了如何在体育专业中设置实际且具有前瞻性的培养目标，以适应不断变化的社会和行业需求。

在高职体育教育中，设定明确的技能与知识目标至关重要，因为这直接关系到学生能否成功地适应体育行业的需求并在未来的职业生涯中取得成功。以下内容将对如何设定这些教育目标进行详细扩展。

（一）技能与知识目标

为确保学生毕业后顺利进入体育行业并展开职业生涯，高职院校必须精确定义所需培养的职业技能和知识。这不仅涵盖广泛的技术技能，还包括对行业环境的深刻理解以及高度的专业素养。

①定义必要的职业技能和知识：体育行业非常多元，涉及体育训练、体育管理、体育科学和体育教育等多个方面。例如，体育训练领域不仅需要教学技巧，还需要了解运动生理学和运动心理学。体育管理则需要策划和组织体育事件的能力，以及运动设施管理的知识。此外，体育营销的技能如市场分析、品牌推广也日益重要。教育机构必须根据行业趋势和需求，不断更新和调整课程内容，以确保学生掌握最前沿的知识和技能。

②确定核心竞争力和专业素养的培养标准：除了具体的技术技能外，体育专业学生还应具备强大的核心竞争力，包括对体育行业标准和法规的深入理解。例如，了解国际体育组织的运作方式和体育赛事的国际规则是进入国际体育市场的关键。此外，专业素养如职业道德、批判性思维能力和专业判断力的培养也是教育中不可或缺的部分。学生应学会如何在复杂多变的体育环境中做出伦理决策，并能批判性地分析问题，提出创新解决方案。

通过设定详尽的技能和知识目标，高职体育教育能够为学生提供坚实的职业基础，使他们在未来的体育行业中不仅能生存而且能成功。这种目标导向的教学策略确保学生能够全面发展，不仅技术熟练，而且具备高度的职业敏感性和适应能力，为他们的职业生涯打下坚实的基础。

（二）综合素质目标

在高职体育教育中，除了专业技能的培训，学生的综合素质培养同样不容忽视。综合素质的提升有助于学生在未来的职业生涯中更好地适应不同的工作环境，处理复杂的人际关系，并有效地解决各种挑战。

高职院校体育教育的综合素质目标不仅强化学生的个人能力，还涉及他们作为团队成员和未来领导者的能力培养。

①强调团队协作、领导力及沟通技能的培养：体育活动本质上就是一项团队活动，无论是在球场上还是在管理层中，团队协作和领导力都是不可或缺的能力。通过组织

团队项目，如体育赛事策划与执行，学生可以在实践过程中学习如何与他人协作，领导团队达成共同目标。此外，通过领导力培训课程和工作坊，学生可以学习如何在压力下做出决策，如何激励团队成员，并有效解决团队内部的冲突。沟通技巧的培养也是课程的重点，包括公共演讲、非正式交流以及跨文化沟通，这些技能对于未来的体育专业人士来说至关重要。

②培养学生的创新思维和解决问题的能力：在不断变化的体育行业中，创新和解决问题的能力是职业成功的关键。教育机构可以通过设计案例分析和模拟实践活动促进这些能力的发展。学生可以通过分析真实的体育行业案例，学习如何识别问题，分析问题背后的原因，并提出有效的解决方案。创新竞赛，如设计新型体育设备或开发新的运动训练程序，可以激发学生的创造性思考，鼓励他们超越传统框架，探索新的可能性。

通过系统的综合素质培养措施，高职院校不仅能培养技术娴熟的体育专业人才，还能培养具有高度适应性、出色沟通能力和领导潜力的复合型人才。这些综合素质的提高将极大增强学生的职业竞争力，使他们在未来的工作中展现卓越的职业能力和社会责任感。

（三）适应性与灵活性的目标

在当今快速变化的时代，体育行业的发展尤其迅速，不断涌现的新技术和变化的市场需求要求教育模式必须具备高度的适应性和灵活性。体育行业的不断演进要求相关的教育课程不仅应跟上行业的步伐，还应预见未来的发展趋势。

①设计课程目标以适应行业发展的快速变化：随着技术的不断进步，人工智能、大数据分析和穿戴技术等越来越多被应用于体育训练、竞赛分析及客户体验优化中，教育课程必须及时反映这些变化。例如，体育数据分析课程可以教授学生如何利用大数据优化训练方法和提高运动表现；人工智能课程可以探讨其在运动员健康监测和竞技策略制定中的应用。通过这种方式，课程可以保持前瞻性和应用性，使学生在毕业后立即投入最前沿的工作。

②培养学生的持续学习能力：在知识更新迅速的时代，仅仅依靠在校期间的学习是不够的。高职院校需要培养学生的自我驱动学习能力，使他们终身学习，持续更新自己的知识和技能。这可以通过建立学习共同体、提供在线学习资源和模块化的课程来实现。例如，可以与在线教育平台合作，提供最新的行业相关课程，鼓励学生在毕

业后继续学习；还可以定期举办专业研讨会和工作坊，让学生与行业专家直接交流，获取最新行业动态和技能需求。

通过这些措施，高职院校的体育教育不仅能适应当前的行业需求，还能预见并应对未来可能出现的挑战。这样的教育模式不仅提高了学生的职业竞争力，也为他们的长期发展奠定了坚实基础。

三、增加体育专业课程设置

（一）课程种类的扩展

为了适应体育行业的快速发展，高职院校必须采取积极措施引入更多创新和跨学科的课程，同时需要关注专业技能的深化培训。

①引入体育科技、体育管理和体育媒介等跨学科课程：在技术日益进步的今天，体育科技已成为提高运动表现和观赛体验的关键工具。运动生物力学分析可以教授学生如何使用先进设备和软件分析运动员的动作，从而优化训练方法和预防伤害。运动数据分析则关注如何处理和解释大量的运动数据，帮助教练和运动员做出科学决策。此外，体育管理课程涵盖体育活动的筹划、执行和评估，而体育媒介课程则教授如何通过不同媒体平台有效传播体育赛事和提高事件的公众关注度，这些技能对于体育专业学生的综合能力培养极为重要。

②设立专项技能课程，如体育康复、运动营养学：随着公众对运动健康和表现优化的重视日益提高，体育康复和运动营养学课程应运而生。体育康复课程不仅教授学生如何设计康复计划，还包括如何使用康复设备和进行适当的康复训练，以帮助运动员从伤病中恢复并预防未来伤害。运动营养学则专注于如何通过营养调控优化运动表现，课程内容包括营养需求评估、饮食计划制订以及对营养补充剂的科学使用。这些课程不仅为学生提供了必需的专业知识，更通过实践环节确保学生将理论知识应用于实际工作中，有效地支持运动员的健康和竞技表现。

通过课程扩展和创新，高职院校不仅能提供更全面的教育，更能确保学生在未来的体育行业中发挥关键作用，满足不断变化的市场需求。这种教育模式的更新和丰富，将极大增强学生的就业竞争力，并为他们的职业生涯奠定坚实的基础。

在体育教育中，理论与实践的紧密结合是确保学生将学到的知识有效转化为实际操作能力的关键。以下内容将进一步探讨如何通过增加实习、实训和案例研究的课程比例，以及提供更多的现场学习机会强化这一结合。

（二）实践与理论相结合

为了使学生在体育领域取得成功，单靠课堂上的理论学习是不够的。他们需要通过实际操作理解和应用这些理论知识，以下是几种有效的教学方法。

①增加实习、实训和案例研究的课程比例：通过与体育机构和企业的合作，高职院校可以为学生提供宝贵的实习和实训机会。例如，学生可以在专业体育俱乐部、健身中心或体育管理机构进行实习，这不仅能使他们在真实的工作环境中应用课堂上学到的理论，还能让他们接触行业内的最新技术和方法。此外，通过案例研究的方式，学生可以针对具体的体育事件或问题进行深入分析，这种方法有助于他们更好地理解复杂问题的多方面因素，并学习如何找到实际可行的解决方案。

②提供更多的现场学习机会：现场学习是培养学生实际操作能力的另一种有效方法。例如，通过与体育组织合作的项目，学生可以直接参与体育事件的组织和管理，从场地布置到事件推广，再到赛事运行和结果评估。这种参与不仅能提供实际操作的机会，还能使学生在真实环境中学习如何管理时间、协调资源和处理突发事件。这样的经验对于培养他们的项目管理能力、团队协作技能和应急处理能力极为重要。

通过结合理论与实践的教学方法，学生能够获得全面的教育体验，不仅仅是学习理论知识，更重要的是将这些知识应用于实际工作中，有效地准备他们未来的职业生涯。这种教学策略不仅增强了课程的实用性和吸引力，也提高了教学的整体效果，为学生在体育行业的成功奠定了坚实基础。

（三）国际视角与交流

在当今全球化迅速发展的背景下，为体育专业学生提供国际视角和交流机会显得尤为重要。这不仅有助于学生获得更广阔的知识视野，还能显著提升他们适应全球市场的能力。

①开设国际体育事件管理等国际化课程：为了让学生更好地理解和参与国际体育市场，高职院校可以开设专门的课程探讨国际体育事件的筹划和管理。这些课程通常包括国际体育法规的学习、跨国体育品牌的市场策略以及国际体育组织的运作机制。通过这类课程，学生不仅可以学习体育活动在全球范围内的组织和执行技巧，还可以深入了解体育活动在不同国家和文化中的社会经济影响。

②鼓励学生参与国际交流和国外学习项目：通过与世界各地的教育机构和体育组织建立合作关系，高职院校可以为学生提供出国学习和交流的机会。这些经历不仅能使学生亲身体验和学习其他国家的体育文化和实践，还能在实际环境中提高他们的语言能力和跨文化沟通技能。例如，学生可以参加国际体育赛事的组织工作，或在国外的体育机构进行实习，这些经历将极大拓宽他们的职业视野并增强其全球竞争力。

通过上述课程设置的改进和扩展，高职院校能够有效地为体育专业的学生提供全面的国际教育资源。这不仅增强了学生的职业技能和国际竞争力，也为他们未来在全球体育行业的职业生涯奠定了坚实基础。通过这种教育模式，学生将能更好地适应日益全球化的工作环境，并有效地参与到国际体育市场中，成为具有全球视野的体育专业人才。

四、创新教学方法

在当今教育领域，技术的应用已成为提高教学质量和学习体验的关键。特别是在体育教育中，技术的引入不仅能增强课程的互动性和趣味性，还能提高教学的效率和效果。

（一）技术驱动的教学方法

1. 利用虚拟现实和增强现实技术进行教学

虚拟现实和增强现实技术为体育教育带来了革命性的变化。这些技术提供了真实的沉浸式体验，极大提高了学生的学习动机和参与度。例如，通过虚拟现实技术，学生可以在完全控制的虚拟环境中模拟滑雪、攀岩等高风险体育活动，不仅安全性高，而且重复性强，可以帮助学生更好地掌握技能。增强现实技术则可以在学生的现实视野中叠加教学内容，如展示篮球投篮的最佳弹道或足球踢球时的力量分布图，使理论知识的学习变得直观和实用。

2. 引入智能设备和应用程序以提高学习效率和互动性

随着移动技术的普及，智能设备已经成为教学和学习的有力工具。在体育教育中，教师可以利用智能手表或健身追踪器监控学生的体能表现，如心率、速度和耐力等指标。此外，定制的教育应用程序能够根据学生的性能和反馈提供个性化的训练计划和营养建议，这不仅提高了训练的科学性，也增强了学生对课程的投入和兴趣。

通过这些技术驱动的教学方法，高职院校能够为体育专业的学生提供一个更加动态和互动的学习环境。这不仅有助于学生更深入地理解和掌握体育技能，还能激发他们的学习兴趣，提高他们在未来职业生涯中的竞争力。总之，技术在体育教育中的应用为传统教学方法带来了深远影响，预示着教育方式的未来趋势。

（二）参与式教学模式

参与式教学模式是现代教育中一种越来越受重视的教学策略，尤其适用于体育专业，因为它能极大提高学生的主动参与感和实践操作能力。通过实际操作与深入讨论，学生能更好地理解复杂概念并应用所学知识解决实际问题。

1. 推广项目导向学习

项目导向学习是一种学生中心的教学方法，它要求学生在教师的指导下，围绕一个具体项目进行学习、探索和实践。在体育专业中，这可以是策划和执行一个体育赛事、开发一个新的体育训练程序，或是研究和提出解决某一体育问题的策略。通过这种方式，学生不仅能将理论知识实际应用到复杂的、现实世界的问题中，还能在过程中培养关键的职业技能，如项目管理、决策制定和团队协作。此外，这种教学方式还能促进学生的创新思维，因为他们需要不断寻找创造性的解决方案应对项目中遇到的挑战。

2. 实施翻转课堂

翻转课堂模式颠覆了传统的教学流程，将"讲授"和"作业"环节进行调换。在体育教育中，教师可以事先录制视频讲解理论知识，学生在课外时间观看。这样，就可以把更多的课堂时间留给讨论、互动演示和技能实践，使每一次面对面的学习都充满互动和实践机会。例如，教师可以在课堂上组织小组讨论，解析体育比赛中的策略和运动员表现，或者实际进行技能演练和改进。这种教学模式不仅增强了学生的学习动力，也改进了他们的分析和批判思维能力。

通过实施参与式教学策略，高职院校的体育教育能够更加生动有效，学生不仅能获得必要的知识和技能，还能在学习过程中发展必要的职业素养和个人能力。这种教育模式为学生提供了一个富有成效和互动性的学习环境，极大提高了学习的质量和效果。

（三）评价与反馈机制的改革

在教育过程中，评价与反馈机制扮演着核心角色，不仅帮助教师监控和指导学生的学习进度，也支持学生自我评估和成长。为了使这一机制更加高效，并适应现代教育需求，我们需要进行一些关键的改革。

1. 采用持续评估和形成性评价

传统的教育评价常依赖期末考试等总结性评价，这种方法虽然可以测量学生在某一时间点的知识掌握情况，但并不总能有效反映学生的整个学习过程。在改革过程中，教育者采用持续评估和形成性评价的方法，这包括定期的小测验、课堂活动的即时反馈以及实践任务的评估等。这种评价方式能够更频繁地监控学生的学习状况，及时发现问题并调整教学方法。此外，形成性评价鼓励学生在学习过程中积极改进，而不是仅在课程结束时被动接受评价。

2. 引入同行评价和自评

在教育过程中引入同行评价和自评是提高学生批判性思维和自我管理能力的有效策略。同行评价让学生评估彼此的作业和表现，这不仅可以增加评价的角度和维度，还可以促进学生之间的互动和学习。自评则要求学生反思自己的学习过程和成果，自我识别强项和弱点。这种评价方式鼓励学生更加主动地参与学习过程，提高了他们对自我学习的管理和控制能力。

通过评价与反馈机制的改革，可以有效地提高教育质量，使教育过程不仅仅是知识的传授，更是能力的培养和个性的发展。这种持续和多元化的评价方式更符合现代教育的需求，有助于培养学生的全面能力，为他们未来的职业生涯和个人成长打下坚实的基础。

第二节　高职院校体育类专业"岗课赛证综合育人"模式创新

高职院校的体育教学模式在近年来面临许多挑战。首先，传统的教学方式过于单一，主要侧重基本技能的训练，而忽视了学生个体差异和兴趣的培养；其次，体育课程的资源配备往往不足，无法满足学生多样化的体育需求；最后，体育教育的评价体系存在问题，过于注重结果而非过程，导致学生的体育兴趣和终身体育意识难以有效培养。

一、"岗课赛证综合育人"模式的介绍

(一)"岗课赛证综合育人"模式的意义

2021年4月，全国职业教育大会强调了推动"岗课赛证"融合的重要性，旨在提升教育质量。同年10月，《关于推动现代职业教育高质量发展的意见》进一步指出，需完善"岗课赛证"综合育人机制[⑦]。这一新理念强调高等职业教育课程应与工作岗位和职业技能证书相对应，凸显了高职教育的社会适应性；同时，课程与专业知识、教学实训及技能大赛的结合，体现了其社会实践性。在高等职业教育中，"岗课赛证"中的课程起着桥梁作用，连接着学科基础理论、专业知识、教学实训与技能大赛、工作岗位及职业技能证书。因此，相较于以往的产教融合或产学研用一体化，推动"岗课赛证"融合更具针对性，是对高等职业教育发展的内在要求。

当前，我国经济正由数量型向质量型转变，处于转方式、调结构、促升级、创新驱动发展的关键阶段。在此背景下，高等职业教育学位的要求与"岗课赛证"融合相契合，有助于通过综合育人方式，培养更多高层次、高素质的技术技能人才、能工巧匠和大国工匠，服务于社会的高质量发展。

课堂教学在"岗课赛证"中占据核心地位，是基于专业知识的育人机制，注重理论与实践的结合。在项目引领下，通过学训结合、学赛结合、产教结合、工学结合的良性发展模式，不断提升实验实训条件，将职业技能等级证书所体现的先进职业标准融入人才培养方案。同时，根据生产实际和岗位需求设计课程和教材，及时将新技术、新工艺、新材料、新规范及典型生产案例纳入教学内容。推广项目教学和仿真教学，开发模块化、系统化的实训课程体系，努力在传承中创新育人机制，以提升学生的实操水平和实践能力，这对学生参加技能大赛和获得职业资格证书，以及达到高等职业教育要求具有重要意义。

按照国家职业教育改革实施方案的要求，各高等职业教育试点院校应结合本校专业特色，开展学历证书、学位证书和职业技能等级证书的互通衔接试点。国家层面应制定相关制度和管理办法，而非简单地认定持有高等职业教育证书和学位证书即可获得职业资格证书。三证互通衔接的核心在于课程、考核科目等的无缝对接。因此，需

---

⑦ 中共中央办公厅、国务院办公厅印发《关于推动现代职业教育高质量发展的意见》[EB//OL].（2021-10-12）https://www.gov.cn/zhengce/2021-10/12/content_ 5642120. html.

要按照高等职业教育学位的要求重构教学模式，改革教学内容和方式，以适应技能大赛的要求。同时，应鼓励教学课程与职业证书考试科目成绩的互换，以推进三证的互通衔接。

许多高职院校开始尝试"岗课赛证综合育人"模式。这一模式是一种创新的教学方法，强调将课堂学习、岗位实践、竞赛活动和资格证书四个方面有机结合，以达到全面培养学生体育技能、团队合作能力和职业素养的目的。具体内容包括以下几个方面。

①课堂学习：在课堂上，教师的角色应转变为导师和引导者，不仅教授传统的体育技能，还应深入探讨与体育相关的理论知识。例如，将运动生理学、运动心理学、运动营养学和体育伤害预防等内容纳入教学大纲，使学生从多个维度理解体育活动的复杂性和科学性。通过案例分析、互动讨论和现场演示等多样化教学方法，提高学生的学习兴趣和参与度，帮助他们建立科学的运动观念和健康的生活方式。

②岗位实践：岗位实践环节是"岗课赛证综合育人"模式中的核心组成部分。通过与体育行业的企业和机构建立合作关系，学生可以进入真实的职业环境，如健身房、体育俱乐部、学校体育部等，进行为期几周到几个月的实习。在实习过程中，学生不仅能实践在课堂上学到的理论知识和体育技能，更能近距离观察和学习体育行业的运作流程、职业道德和服务态度，从而更全面地理解职业体育的实际需求和未来发展趋势。

③竞赛活动：竞赛活动在教育领域扮演着重要角色，它们为学生搭建了一个展示体育技能与团队合作能力的宝贵平台。学校应充分利用这一机制，定期在校内外组织各类体育比赛，并积极鼓励学生参与地区、国家乃至国际级别的体育竞赛去。

对于学生而言，参与这些竞赛活动不仅能在实战中检验和提升自身的体育类专业技能，还能在紧张激烈的比赛环境中学会保持冷静、迅速做出决策，并与队友进行有效沟通。这些经历有助于培养学生的领导能力和团队精神，使他们在面对挑战时更加从容应对。此外，竞赛经历作为学生个人简历中的一大亮点，无疑将增强他们在未来求职市场上的竞争力。

④资格证书：在职业体育领域中，拥有专业资格证书是提升个人职业形象和竞争力的重要手段。教育部出台《关于职业院校专业人才培养方案制订与实施工作的指导

意见》⑧ 中"促进书证融通"针对"1+X"证书制度，提出"鼓励学校积极参与实施1+X证书制度试点，将职业技能等级标准有关内容及要求有机融入专业课程教学，优化专业人才培养方案"。学校应鼓励并支持学生参加各种体育资格证书的培训和考试，如教练证、裁判证、运动康复师证书以及教育部1+X证书等。2020年，运动营养咨询与指导职业技能等级证书入选第三批职业技能等级证书。随着全民健身热潮的掀起以及国家政策的支持，运动健康产业对运动营养复合技术型人才的需求不断增加。运动营养咨询与指导职业技能等级证书也成为第一个，也是目前唯一获批的体育运动领域1+X职业技能等级证书，"1+X"证书制度的推行为运动营养人才培养提供了突破口。

"1+X"证书制度是进一步深化复合型技术人才培养模式和评价模式的改革，同时是承载了推动"三教"改革、学分银行试点等多项改革任务的一种全新的制度设计，通过对"1+X"证书制度的实践，有效推动校企互动，使学校教育与企业的核心优势相结合，以提升院校人才培养质量、学生的专业技能以及学生的就业竞争力。

通过获得这些证书，学生不仅可以提高专业技能，还可以在就业市场获得更多的选择和机会。学校可以通过建立奖学金制度或提供考试费用补助等方式，激励更多学生参与资格证书的学习和考试。

（二）"岗课赛证综合育人"模式的重要性与实施效果

实施"岗课赛证综合育人"模式对高职院校体育教育具有重大的意义。首先，该模式通过多元化的教学活动，如课堂学习、岗位实践、竞赛活动及资格证书获取等环节，系统提升了学生的体育技能。这种全方位的技能提升不仅限于体育本身，还包括策略制定、团队合作等多种能力的培养，使学生在未来的职业生涯中更加自信和竞争力十足。

更重要的是，该模式显著促进了学生综合素质的全面发展。在岗位实践中，学生能够直接接触职业环境，这不仅可以帮助他们理解和掌握必要的职业技能，还可以加深他们对职业道德和工作责任感的理解。同时，在竞赛活动中，学生需要与他人协作并在压力环境下表现，这极大锻炼了他们的团队精神和应变能力。

此外，该模式的实施也推动了教育资源的优化配置。通过与企业和其他教育机构进行合作，学校能够引进更多实践机会和高质量的教学资源，从而提升教育服务的质

---

⑧　教育部出台《关于职业院校专业人才培养方案制订与实施工作的指导意见》将职教改革落到人才培养规格与质量上［N］. 中国教育报，2019-06-19.

量和效果。这种资源的优化配置不仅可以使学生受益，也可以促进教师的专业成长和教学方法的革新。教师能够根据实际需要调整教学策略，采用更加有效的教学方法，如情景模拟、项目导向学习等，这些都是现代教育趋势的重要组成部分。

总之，"岗课赛证综合育人"模式为高职院校体育教育提供了一种创新路径，通过实际操作、竞技比赛和专业认证的结合，不仅提高了学生的体育技能，更全面提升了他们的职业能力和个人素质，为他们日后的职业发展打了下坚实的基础。这种教育模式的成功实施，也为其他教育领域提供了可借鉴的经验和灵感。

通过对一些已经实施该模式的院校进行跟踪调查，结果显示学生的体育技能明显提高，职业素养和团队合作能力也得到了极大增强。学生普遍反映，参与实际的岗位实习和竞赛活动中，使他们更好地理解了理论知识的实际应用，增强了学习的动力和参与感。

二、岗位需求与课程设置

在高职院校的体育教育中，岗位需求与课程设置之间的紧密对接是提升教育质量和就业率的关键因素。通过准确分析体育行业的岗位需求，学校能够设计出更具针对性和实用性的课程，从而为学生的职业生涯打下坚实的基础。

（一）体育行业的岗位需求

体育行业的岗位需求随着社会经济的发展和人们生活方式的变化而不断演变。目前，除了传统的体育教师和教练职位外，体育科技、体育营销、体育管理等方面的专业人才也越来越受到重视。随着科技的进步，例如，数据分析和虚拟现实技术的应用，体育行业出现了更多创新型岗位，如数据分析师、虚拟现实训练师等，这些职位要求从业者不仅懂体育还懂技术。同时，体育营销和体育赞助成为推动行业发展的重要力量，这些领域的专业人员需要具备市场分析、品牌建设等能力。

此外，随着健康意识的提高，康复师、运动医学专家等与健康相关的体育职位需求也在增加。这些岗位不仅需要深厚的医学知识，还需要了解人体运动机制，能够为运动员或普通消费者提供科学的身体恢复方案。随着社会对精神健康的关注加深，体育心理师的需求也逐渐增长，他们帮助运动员和普通人调整心态，提高运动表现和生活质量。

因此，高职院校在进行课程设计时，需要广泛收集行业信息，定期与企业、职业协会进行交流，确保教育内容与市场需求保持同步。通过调整课程内容，引入新的教学方法和实践活动，学校可以更好地为学生提供与时俱进的教育，使他们顺利过渡到不断变化的行业。同时，高职院校应加强与行业内的合作，例如，开展实习项目和工作坊，这不仅能提升学生的职业技能，还能增强他们的职业适应能力和创新思维。

（二）根据岗位需求设计课程

根据岗位需求设计课程首先要求教育者了解并分析市场最新趋势。如果市场调查显示体育数据分析是未来的大趋势，那么相关的数据科学、统计学基础、体育分析软件操作等课程应被纳入教学计划。这不仅涉及基础的数据处理技能，还包括高级分析技术如机器学习和大数据技术在体育领域的应用。通过这样的课程设置，学生可以掌握从数据收集、处理到分析和解读的全过程。

同时，课程设计应注重理论与实践的结合，增设实习、实训环节，帮助学生获得实际操作经验，提升其解决实际问题的能力。例如，可以与体育组织和企业合作，安排学生参与真实的体育数据分析项目，或者模拟体育事件的数据处理。这种实践机会不仅能让学生应用所学知识解决具体问题，还能培养他们的团队合作和项目管理能力。

此外，课程设计还应考虑跨学科技能的培养，如沟通能力、批判性思维等。体育行业的多样性要求从业者不仅具备专业技能，还能在多变的环境中有效沟通和做出快速决策。因此，应通过案例分析、团队讨论等教学方法，加强这些软技能的培训。

最后，为了确保课程内容与行业需求的一致性和前瞻性，教育机构应定期邀请行业专家参与课程评审和讲座，以便不断更新和调整课程内容，确保教育质量与行业标准同步提升。通过这些措施，教育者不仅能为学生提供与市场同步的专业知识和技能，还能帮助他们更好地适应未来体育行业的发展。

三、课堂学习与实践应用

为了提高高职院校体育教育的效果，将课堂学习与实践应用有效结合至关重要。这一部分旨在探讨课堂教学方法的创新、实践教学的重要性以及技能与知识的实际应用，以确保学生在真实世界中有效地运用他们在课堂上学到的技能和知识。

（一）课堂教学方法的创新

在体育教学中，传统的讲授方法已经无法满足现代教育的需求。教学方法的创新成为提升教育质量的关键。例如，采用倒置课堂（Flipped Classroom）模式，学生在课前通过视频或在线材料自学理论知识，课堂时间则用于讨论、实践和反馈，这样可以更好地促进学生的主动学习和深入理解。这种模式强调学生的自主性和课堂互动，有效地将教师的角色转变为辅导者和促进者，而不仅仅是信息的传递者。

此外，采用案例教学法，通过分析具体的体育事件或场景，引导学生思考和解决实际问题，也是一种有效的教学创新方法。案例教学可以使学生在分析和解决问题的过程中，将理论知识应用到实际情境中，从而加深对材料的理解和记忆。通过这种方式，学生不仅学习到知识，还培养了批判性思维和决策能力。

另一种创新方法是采用混合学习（Blended Learning），这种方式结合了线上和线下的学习资源和活动，提供了灵活性和个性化的学习体验。例如，学生可以在线上完成一些自主学习模块，而在课堂上进行集体讨论和体育技能的实际操作。这种方法不仅提高了学习的便利性和可访问性，还通过多样化的教学内容和技术的应用，增强了学习的趣味性和互动性。

通过这些教学创新，体育教育能够更好地适应当代学生的学习习惯和技术趋势，同时提高教学质量和学生的参与度。这些方法不仅使教学内容更加丰富和动态，还帮助学生在学习体育知识的同时，发展必要的社交和解决问题的技能。

（二）实践教学的重要性与实施策略

实践教学在体育教育领域扮演着至关重要的角色，它不仅仅是课堂学习的延伸，更是理论知识转化为实践技能的重要桥梁。通过实际操作，学生能够更深入地理解体育理论，掌握各项体育技能，并在真实或模拟的体育环境中磨炼自己的反应和应变能力。因此，高等职业院校在体育教育课程设计中应充分整合实践教学环节。

首先，与外部体育机构进行合作是提供实践教学机会的有效方式。通过与体育俱乐部、健身中心及其他相关机构合作，学校可以为学生提供实习岗位，使他们在实际工作环境中应用所学知识，如教学法、体育训练和活动组织等。这种实习不仅增强了学生的职业技能，还有助于他们了解行业现状和未来发展趋势。

其次，学校应定期组织校内外的体育比赛，如校际比赛、区域联赛等。这样的比赛不仅可以激发学生的竞技兴趣，还可以在比赛的压力和挑战中锻炼他们的心理素质和团队合作能力。通过这些比赛，学生能在实战中检验和修正技术动作，同时能培养体育精神和公平竞争意识。

实践教学在体育教育中具有不可替代的作用。通过建立校企合作、组织体育比赛以及利用高科技手段增强教学效果，高职院校可以为学生提供一个全面的、动手能力强的学习平台，使他们在未来的体育领域或其他职业道路上更加出色。

（三）技能与知识的实际应用

将课堂所学的技能与知识转化为实用的职业技能，是体育教育中非常关键的一环。这要求教育者不仅应传授理论知识，更应关注这些理论如何在现实中得以应用。为了达到这一目标，教育者需精心设计课程，确保课程内容既丰富又实用，能够直接应用于学生未来的职业路径。

首先，教育者可以引入课程模块，专注于教授学生如何策划和执行体育活动。这包括从基本的活动规划到复杂的事件管理和营销策略。通过这些实践课程，不仅能学习到活动组织的技巧，学生还能理解如何在活动中应对突发情况，如天气变化、参与者伤病等。

其次，对于运动损伤的初步诊断和急救处理，教育者应该提供必要的训练和证照课程，如 CPR（心肺复苏）和基础的运动医疗救护技能。这不仅增强学生的自信心，也为他们将来可能面对的紧急情况做好准备。通过模拟实际情境，学生能够在安全的环境中熟悉应急流程和技巧，从而在真实情境中更加镇定自若。

此外，随着科技的进步，现代体育科技在训练和比赛中扮演着越来越重要的角色。教育者应当将智能穿戴设备、视频分析软件以及运动生物力学的应用纳入课程。通过这些技术，学生不仅能提升训练效率，还能学习如何利用数据改进训练方法和运动表现。

这些实际应用的教学不仅增强了学生的职业技能，还大幅提升了他们解决复杂问题的能力，使他们在未来的体育行业中脱颖而出。通过在实践中学习、在学习中实践，学生能够更全面地准备自己的职业生涯，成为具备高度专业技能的体育行业精英。

总之，将课堂学习与实践应用有效结合，是提升体育教育质量和学生职业能力的关键。通过教学方法的创新和实践机会的增加，学生能够更好地掌握体育技能，并在未来的职业生涯中发挥重要作用。

四、竞赛活动的角色

竞赛活动在高职院校体育教育中扮演着至关重要的角色。它不仅作为技能提升和实践的平台，还是学生职业发展的重要推手。通过精心设计和组织的竞赛活动，学生能够在真实的竞争环境中锻炼自己的体育技能，同时为他们将来的职业生涯铺平道路。

（一）竞赛作为技能提升和实践的平台

竞赛活动提供了一个独特的环境，让学生将课堂上学到的理论知识和技能应用到实际情境中。在这种高压和竞争激烈的环境下，学生不仅能提升体育技能，如速度、力量、耐力和技巧，还能加强心理素质，如应对压力、集中注意力和团队合作。这种实践机会是课堂教学难以提供的，它能极大增强学生的自信心和解决问题的能力。

通过参与竞赛，学生能够在实战中测试和调整自己的策略，这不仅促进了技术的精进，还提高了应变能力。例如，在田径、游泳或球类比赛中，选手必须实时做出反应，调整策略以应对对手的挑战和比赛的变化。这种能力的培养，使学生在未来面对职业生涯和生活中的各种挑战时，更加从容不迫。

此外，竞赛也是培养领导能力和团队精神的绝佳平台。在团队项目中，学生必须学会沟通、协作以及领导或跟随他人的技巧，这些都是现代职场中不可或缺的软技能。通过这些互动，学生能够更好地理解团队动态，提升个人在集体中的有效作用。

竞赛还为学生提供了一个展示自身才能的舞台，这对于提升学生的公众表现能力和自我推广能力具有重要意义。在比赛中表现优异的学生可能会受到媒体的关注，这不仅可以增加他们的自我价值感，也为他们未来的职业道路提供更多门路。

综上所述，竞赛不仅是检验学生体育技能的平台，更是一个全面提升个人综合能力的重要机会。学校和教育者应鼓励学生参加各种竞赛，以充分利用这一平台的教育价值，帮助学生在多方面实现自我超越和成长。

（二）组织内部与全国性竞赛

高职院校在推进体育教育的过程中，应积极组织内部竞赛，并鼓励学生参与全国性甚至国际性的体育竞赛。这种双轨并行的竞赛策略不仅有助于提升学生的体育技能，还能提高学校的整体教学质量和社会影响力。

内部竞赛应设计为包容性强、参与门槛低的活动，目的是让每位学生都有机会展示自己的体育才能。这类竞赛可以包括多种体育项目，如篮球、足球、田径等，确保涵盖不同学生的兴趣和特长。通过这些活动，学生不仅能在友好的竞争中磨炼技能，还能增强团队合作精神和公平竞争意识。此外，内部竞赛也是激发学生对体育活动产生兴趣和热情的有效方式，使他们在轻松愉快的环境中认识体育的价值和乐趣。

同时，高职院校应鼓励并支持学生参加全国性和国际性的体育竞赛。这不仅能提升学校的知名度和声誉，还能为学生提供一个展示自己技能的舞台。通过与来自不同地区和不同文化背景的选手交流和竞争，学生能够获得宝贵的经验，提升自己的竞技水平和心理素质。此外，参与这样高水平的竞赛有助于学生拓宽视野，了解体育领域的最新发展和国际标准，从而为将来的职业生涯或更高层次的竞技活动打下坚实的基础。

通过双轨竞赛策略，高职院校不仅能培养学生的体育技能，还能在校园内部营造积极向上的体育文化，同时在更广阔的舞台上展示学校的教育成果和学生才能。这种策略的实施，将大大促进学生的全面发展，并提高他们的自信心和社会适应能力，为他们未来的学习和生活奠定坚实的基础。

（三）鼓励学生参加体育类职业技能大赛

体育类职业技能大赛不仅是检验学生学习成果的平台，更是促进学生全面发展的重要手段。通过参与这类竞赛，学生可以在实践过程中深化对体育知识的理解和应用，提高解决实际问题的能力。此外，竞赛过程中的挑战和压力能够锻炼学生的心理素质，增强其在未来职业生涯中面对困难和挑战的韧性。

值得一提的是，全国职业院校的体育类职业技能人赛同样为大学生提供了一个展现自我风采的舞台。例如，2023 年全国职业院校技能大赛（高职组）新增了"体育活动设计与实施"赛项，这一创新举措进一步丰富了竞赛内容⑨。

由国家体育总局科教司主办的全国高等体育职业院校学生技能大赛，作为一项具有品牌影响力的活动，持续在服务国家战略、推动体育产业发展新业态、加强体育技能培训以及实现岗课赛证融通发展等方面发挥重要作用。该技能大赛致力于全面构建"以赛促学、以赛促研、以赛促训、以赛促创"的职业教育教学体系，旨在培育更多能担当时代重任的卓越体育工匠，为体育强国的建设贡献力量。

体育类职业技能大赛通常涉及多个方面的技能测试，包括但不限于体育教学能力、运动训练、运动康复、体育管理等。通过对这些技能进行系统训练和比赛检验，学生能够获得实战经验，显著提高专业技能水平。这种经验的积累对于未来从事体育

---

⑨ 2023 全国职业院校技能大赛（高职组）赛项在日照收官［N］．大众日报，2023-09-26.

教育、教练或体育管理等职业至关重要。

参加体育类职业技能大赛还能显著提升学生的就业竞争力。赛事往往吸引众多企业和行业专家的关注，优秀参赛者可以通过这种方式展示自己的才能，并吸引潜在的雇主。此外，大赛中获得的荣誉和证书是学生求职时的重要资本，可以在众多求职者中脱颖而出。

总体而言，鼓励高职院校体育类专业的学生参加职业技能大赛，不仅可以提高他们的专业技能，还可以为他们的职业生涯提供宝贵的跳板。大赛经历不仅提升了学生的实战能力，还帮助他们建立了职业自信，为将来的职业生涯打下坚实的基础。因此，高职院校应当在教学计划中加大对这类活动的支持和推广，确保学生从中获得最大的收益。

(四) 竞赛与职业发展的关联

参加竞赛不仅能提升学生的体育技能，还能帮助他们在职业生涯中获得优势。许多体育行业的雇主在招聘时会优先考虑那些有竞赛经历的候选人，因为这表明他们具有较高的技能水平和经过实战检验的能力。从事体育教练、运动员管理或体育事件策划的专业人士，如果有竞赛背景，通常会被视为具有更高的行业理解和实际操作能力。

此外，竞赛中展现的团队协作能力、领导力和抗压能力等都是职场上非常受欢迎的软技能。在紧张的比赛环境中所展现的快速决策能力和问题解决技巧，也是职业发展中极具价值的属性。这些能力在处理工作中的压力、协调多方利益以及领导项目团队方面尤为重要。

更进一步，竞赛经历还能为学生提供宝贵的网络建设机会。通过参与地区、国家甚至国际级的比赛，学生能够与来自不同背景的同行建立联系，这些联系在未来寻找工作、合作伙伴或职业发展机会时可能会变得非常有价值。这样的人际网络在体育行业中尤为重要，因为许多机会和信息往往通过行业内的联系人共享和传播。

竞赛还能提供一个展示个人才能的平台，有助于学生在求职时突出自己的成就，增加个人履历的吸引力。在简历中列出在竞赛中获得的奖项或认证，可以显著增强求职者的竞争力，尤其是在体育相关领域。这种成就展示不仅反映了技术水平，还展示了个人的努力和承诺。

因此，教育机构和教练应积极鼓励学生参与竞赛，帮助他们认识这些活动在个人发展和职业规划中的重要作用。通过参与竞赛，学生不仅能提高自己的专业技能，还能在求职时显示出自己的独特优势，为将来的职业生涯奠定坚实的基础。

总之，竞赛活动在高职院校体育教育中的作用不可小觑。它不仅是技能提升的有效平台，更是职业发展的重要助力。通过参与各级别的竞赛，学生可以在多方面得到成长，为未来的职业道路奠定坚实的基础。

五、专业认证的重要性

在高职院校体育教育中，专业认证扮演着至关重要的角色。它不仅证明了学生的专业技能水平，也是他们职业发展中的一个重要助力。以下将详细介绍必要的专业证书、专业证书对职业发展的影响，以及如何将教育课程与认证要求有效对接。

（一）必要的专业证书介绍

对于体育专业的学生而言，获取相关专业证书是其职业生涯发展中极为关键的一步。这些证书不仅证明了个人的专业知识和技能，也是其职业资格的重要标志，有助于提升就业竞争力和职业发展潜力。

首先，体育教师资格证是成为学校体育教师的基本要求。持有此证书的教师不仅证明了其专业教学能力，也满足了教育部门对体育教师的资质要求。获取这一证书通常涉及专业知识的学习、教学能力的培训以及相关的考核和实习经验。

其次，健身教练证是健身教练职业的入门证书，它证明持证人具备科学指导健身活动的能力。这一证书的获取过程包括健身理论的学习、实际操作技能的训练以及对人体解剖学、运动生理学等相关知识的掌握。通过这些综合培训，健身教练能够为不同需求的客户提供个性化的健身计划和指导。

再次，体育裁判证是体育比赛中不可或缺的一个角色的认证。持有此证书的裁判员被认可为有资格在各级别的体育比赛中担任裁判工作。获取体育裁判证通常需要深入理解体育竞赛规则、完成裁判技能的培训，并通过严格的考核。

运动营养师证书专门针对希望在运动营养领域工作的专业人士。持证者需具备关于如何通过营养搭配提高运动表现和促进运动恢复的专业知识。获得此证书通常需要完成相关的营养学课程和实践经验积累，确保营养师在为运动员或健身者提供专业建议时，能够基于科学的营养原则操作。

最后，教育部 1+X 证书的实施意味着学生除了学习体育教育的基本课程和获得相应的学历证书外，还可以选择参加不同的职业技能认证，获得一个或多个专业技能证书。例如，体育运动领域唯一获批的运动营养咨询与指导职业技能等级证书、社会体育领域的老年康体指导职业技能等级证书、体育保健与康复领域的体重管理职业技能等级证书。

总之，这些专业证书的获取不仅需要通过系统的课程学习和实际的考试验证，而且需要不断地实践和经验积累。对体育专业的学生而言，这些证书是其专业成长和职业发展的重要阶梯，为他们在竞争激烈的就业市场中站稳脚跟提供了坚实基础。

（二）专业证书对职业发展的影响

专业证书对体育专业学生的职业发展具有显著的积极影响。首先，专业证书是许多职位应聘条件的一部分，有助于提高求职者的竞争力。例如，许多高端健身俱乐部和体育机构在招聘时倾向于选择具有认证资格的教练，因为这代表了一定的专业水平和服务质量保证。CPR（心肺复苏术）认证、NASM（美国运动医学学会）或 ACE（美国运动委员会）个人教练认证，都是提升个人专业形象和能力的重要标志。

其次，持有专业证书的个人在职业晋升和薪资提升方面通常会享有优势。例如，一个持有先进运动营养师证书的健身教练，可能会比未持证的教练更容易获得高级职位或在健身行业内部晋升。此外，这些认证不仅提高了个人的可信度，也向雇主证明了其持续学习和专业发展的承诺。再次，这些证书能帮助个人拓宽职业路径，例如，从教练转向体育管理或体育营销等领域。具备专业证书的个人能够更好地理解行业标准、法规要求以及市场趋势，这对于那些希望进入体育行业其他分支的专业人士来说是极其宝贵的。例如，一个具有体育管理认证的教练可能更容易跨入体育设施管理或体育活动策划职位。

最后，持有专业证书的个人往往能获得更广泛的职业网络资源。许多认证程序都包括参与研讨会、工作坊和行业会议的机会，这些都是建立职业联系和学习最新行业动态的绝佳途径。通过这些网络，证书持有者不仅可以提升自己的知识和技能，还可以带来新的职业机会。

因此，对于追求体育行业职业发展的学生和专业人士来说，获取行业认证证书是一项极具价值的长期投资，它不仅提升了个人的职业资格，还为未来的职业生涯开辟了更多可能。

（三）教育课程与认证要求的对接

在设计体育教育课程时，高职院校必须密切考虑专业证书的认证要求，确保教学内容不仅符合，甚至超越认证机构设定的标准。这种对接不仅有助于提升教育质量，还能显著增强学生的职业竞争力。

首先，学校需要与各类证书授予机构保持密切的沟通与合作。这包括定期更新课程内容，以符合行业标准的变化和新兴的职业需求。通过这种合作，学校可以获得关于考试内容、评分标准以及市场趋势的第一手资料，从而精准地调整教育策略。

其次，在课程设计方面，学校应综合考虑理论学习与实践技能的平衡。理论学习为学生提供必要的知识框架，如运动生理学、运动心理学以及体育管理等，而技能训练则侧重实际操作能力的培养，如急救技能、裁判法则的应用以及运动训练方法等。此外，实际操作环节应涵盖从基础训练到高级技能的各个方面，确保学生在真实环境中应用所学知识。

再次，学校应为学生提供额外的辅助资源，以增加他们通过专业认证考试的机会。例如，通过模拟考试，学生可以熟悉考试的格式和时间管理，有效减少考试焦虑。专题讲座和考前辅导则可以针对性地解决学生在复习过程中遇到的具体问题，深化对难点知识的理解。

最后，学校可以建立一个持续的评估和反馈机制，监控课程效果和学生的学习进度。通过定期评估，学校可以及时发现课程中的不足，并做出相应调整，确保教育质量始终保持在高标准。同时，这可以帮助学生在整个学习过程中保持积极的学习态度和清晰的目标导向，最终成功通过专业认证考试，为其未来的职业生涯奠定坚实的基础。

总之，专业认证在体育教育中的重要性不容忽视。它不仅是学生进入职场的敲门砖，也是他们职业生涯成功的重要保障。通过精心设计的教育课程与专业认证要求的有效对接，学校可以极大提升学生的专业技能和就业竞争力。

六、综合素质的培养

在高职院校体育教育中，除了专业技能的培养外，综合素质的提升同样至关重要。这不仅有助于学生在未来职场中的竞争力提升，也是其个人发展的重要组成部分。以下将探讨社会技能与领导力的发展，伦理与职业责任的教育，以及生涯规划与终身学习的重要性。

（一）社会技能与领导力的发展

体育活动天然具备培养团队合作和领导力的环境。通过团队体育项目，学生可以学习如何与他人进行有效沟通、协调不同角色和责任以及在压力下做出决策。例如，在篮球或足球这样的团队运动中，学生只有与队友沟通战术，并了解彼此的位置和角色，才能在比赛中取得成功。这种沟通和协作的能力是职场上高效团队所不可或缺的。

此外，领导力可以通过指定学生承担队长或教练角色的方式培养，让他们在实践过程中学习如何激励队友、制定战略以及管理团队。在担任队长的过程中，学生将面临如何带领团队克服困难、调动队员的积极性以及在比赛中迅速做出策略调整的挑战。这些领导经验教会他们如何在压力情境下保持冷静，并对团队目标做出战略性的规划和决策。

这些经验不仅在体育领域中有用，也能在学生未来的任何职业道路上发挥作用。例如，在体育活动中培养的团队合作精神和领导能力对于企业管理、项目领导，甚至是创业都是极其重要的。团队体育教会的协作和领导技巧能够帮助学生在复杂的工作环境中更好地与人交流、解决问题以及引领团队取得成功。

更进一步，通过参与体育活动，学生还能学习如何接受失败与挫折，并从中吸取教训，这对于个人的情绪智力和抗逆力的提升至关重要。这种能力，使他们在面对职业生涯中不可避免的挑战和失败时，能够坚韧不拔，持续前进。

因此，体育教育不仅仅是关于体力的锻炼，更是一种全面的社会和领导力技能培养的方法。学校和教练应该认识到这些价值，并积极利用体育作为教育工具，帮助学生在学习、生活和未来的职业中取得更大的成功。

（二）伦理与职业责任的教育

伦理和职业责任在体育教育中扮演着至关重要的角色。为了培养具有道德观念和职业责任感的体育从业者，教育者必须系统地向学生传授这些核心价值。

首先，课程设计应包括体育伦理学的基础理论教学，让学生了解公平竞争、尊重对手和诚信等概念的深层含义及其在体育活动中的应用。这些理论教学可以通过阅读材料、专题讲座和师生互动讨论等形式进行，确保学生从多角度理解伦理和责任的重要性。

其次，教育者可以利用具体的体育伦理案例研究，如著名运动员的兴奋剂丑闻、比赛中的不正当行为等，具体展示违反伦理规范的后果。通过案例分析，学生可以更直观地看到职业道德失范对个人、团队乃至整个体育界的影响，增强他们在实际运动中坚持公正和诚信的决心。

再次，教育者应鼓励学生参与讨论体育界的实际事件，尤其是那些涉及伦理决策的情况。这些讨论不仅能加深学生对伦理问题的理解，还能培养他们的批判性思维和道德判断能力。通过角色扮演、辩论等互动形式，学生能够在安全的学习环境中探索不同的道德困境，并学习如何在复杂情况下做出符合伦理的决策。

最后，教育者需要强调诚信的价值及其在职业生涯中的普遍重要性。这可以通过引导学生将体育领域的伦理原则应用到其他领域，如学术、职场等，帮助他们认识到职业道德是一种全面的生活态度，而不仅限于体育竞技的范畴。

通过这样全面而深入的教学方式，体育教育不仅能培养学生的体育技能，更能塑造他们成为具有高度职业伦理观和责任感的公民，为其未来的职业生涯和社会生活打下坚实的基础。

（三）生涯规划与终身学习的重要性

体育专业的学生在追求职业生涯的成功过程中，必须认识到持续教育和个人发展的重要性。对此，高职院校扮演着关键的角色，应提供全面的生涯规划资源和咨询服务，以帮助学生明确自己的长远职业目标和所需的技能发展路径。

首先，高职院校应设立专门的生涯规划中心，为学生提供职业指导和咨询服务。这些服务可以包括职业兴趣测试、一对一的职业咨询、简历和求职信的写作指导，以及模拟面试等。通过这些资源，学生可以更清楚地了解自己的职业兴趣和潜力，制订出符合个人特点和市场需求的职业发展计划。

其次，高职院校应强调终身学习的重要性，并为学生提供多种学习渠道。随着科技进步和行业标准的不断变化，终身学习已成为职业发展中不可或缺的一部分。学校可以通过与行业机构合作、定期举办专业研讨会和继续教育课程，帮助学生保持知识和技能的更新。这些活动不仅提供了最新的行业信息和技术，还能丰富学生的网络资源，为其职业生涯提供支持。

再次，高职院校应鼓励学生利用在线教育资源进行自我提升。随着网络教育平台的发展，如 Coursera、Udemy 等，学生可以方便地访问到全球顶尖大学和行业领袖的课程。通过这些在线课程，学生不仅可以在专业领域深造，还可以学习跨领域的技能，如领导力、项目管理和沟通技巧等，这些都是今后职场中极为重要的能力。

最后，生涯规划与终身学习是体育专业学生成功的重要组成部分。高职院校应通过提供定制的职业规划服务、促进终身学习的机会以及建立强大的行业联系，帮助学生构建一条既满足个人发展又符合职业市场需求的学习和成长路径。通过这些措施，学生将能不断适应行业变化，实现职业生涯的持续成功和满足。

总体来说，体育教育不仅是技能的训练，更是综合素质培养的过程。通过在教学中融入社会技能、伦理教育和生涯规划，高职院校能够为学生在体育领域乃至更广泛的社会环境中的成功打下坚实的基础。这种全面的教育方法将有助于学生成为既具备专业能力又具备高度社会责任感的个体。

第三节　高职院校体育类专业 "校行企协同育人" 模式创新

在当今快速变化的教育环境中，体育教育面临着多方面的挑战。这些挑战不仅来源于技术的发展和社会需求的变化，还包括学生对体育学习方式的新期望。为了有效应对这些挑战并提升教育质量，许多高等院校正在探索和实施新的教育模式，其中，"校行企协同育人" 模式因其全面性和实效性而受到关注。

"校行企协同育人" 模式是一种创新的教育模式，强调学校教育、行业实践和企业需求之间的紧密结合。在体育教育领域，这一模式通过整合教育资源、行业实践和企业智慧，形成一个互利共赢的教育生态系统。这种模式的实施有几个显著优点：首先，它能使学生在学习过程中直接接触行业实践，增强学习的针对性和实用性；其次，企业的参与不仅能提供实际的案例和资源，还能为学生的就业和职业发展提供指导和平台；最后，这种协同育人模式有助于教育内容的持续更新，确保教学与时俱进，满足行业发展的最新需求。

因此，"校行企协同育人" 模式不仅是对传统教育模式的必要补充，更是现代体育教育创新发展的关键方向。通过实施这一模式，学生可以更好地应对未来的挑战，并成为具有高度专业能力和良好社会适应性的人才。

一、校企合作的框架

校企合作在现代教育体系中越来越被重视，尤其是在体育教育领域，通过建立高效的合作机制、引入企业在课程设计中的实际需求，以及共同建设实训基地与实习平台，可以显著提升教育质量和学生的职业技能。

（一）合作机制的建立

建立有效的校企合作机制对于教育和行业都具有重要意义。这种机制能够连接学术界和产业界，共同推动教育内容与市场需求的同步更新，提升学生的职业技能和就业竞争力。

首先，确立合作的共同目标是构建校企合作机制的基础。学校和企业需要共同确定合作的主要目的，可能包括提高学生的实际操作能力、更新课程以适应新的技术发展，或是共同研发新的教学技术和材料。通过明确目标，双方可以更有效地协调资源，确保合作的方向和成果符合双方的利益和需求。

其次，合作机制的设计必须包括有效的沟通和评估体系。这可以通过定期的会议、工作汇报以及项目评审等形式实现。定期沟通有助于双方及时了解合作进展和存在的问题，而定期评估则能确保项目符合预定目标，并及时调整偏离目标的活动。这种透明和持续的沟通评估机制是合作成功的关键。

再次，合作协议中必须明确各方的责任、权利和义务。这包括但不限于知识产权的归属和使用权、资金的投入与管理以及合作成果的分配方式。明确这些条款可以防止未来的法律纠纷，保护双方的利益。特别是在涉及专利、商业秘密和技术转让的项目中，对这些内容的严格规定尤为重要。

最后，有效的合作机制应包括问题解决的途径。这可能包括设置争议解决机制，如调解、仲裁或法律途径，以应对合作过程中可能出现的分歧和问题。设立清晰的解决问题的流程，可以帮助双方在遇到难题时快速有效地找到解决方案，以维护合作关系的稳定性。

通过这些详细且全面的措施，校企合作可以成为双方共赢的战略，不仅提高了教育机构的教学质量和行业相关性，也提升了企业的创新能力和市场竞争力。这种合作模式为学生提供了实践和就业的机会，同时为企业培养了符合行业需求的高素质人才。

（二）企业在课程设计中的角色

企业在校企合作中扮演着至关重要的角色，首先，尤其是在课程设计方面。企业可以提供行业最前沿的知识和技术，使课程内容更具实用性和前瞻性。例如，企业可以参与教学大纲的制定，提出行业所需的关键技能和知识点，帮助学校调整教学内容和方法。这种合作不仅能确保教育内容的及时性，还能使课程更贴近实际工作环境，提高学生的就业竞争力。

其次，企业可以提供讲师资源，邀请行业专家直接参与教学，或者通过研讨会、工作坊等形式，为学生提供实时的行业知识更新和技能培训。这些专家不仅传授专业技能，更能分享行业内的实际经验和挑战，从而帮助学生更好地理解课程内容的实际应用。

再次，企业可以参与课程的实践环节设计，如实习项目、实训基地建设等。通过提供实习机会，学生可以在真实的工作环境中应用在课堂上学到的理论知识，这种经验是极其宝贵的，它帮助学生了解行业需求，调整职业规划，同时为企业培养可能的未来员工。

最后，企业参与可以帮助教育机构评估和改进课程效果。企业作为行业实践的直接参与者，能够提供有关课程内容是否符合行业标准、技能培养是否适应未来发展趋势的反馈。这种反馈对于高等教育机构调整课程方向、提高教学质量具有重要价值。

总之，企业的参与为课程设计提供了实用性、前瞻性和适应性，使教育与行业需求紧密结合，最终形成互利共赢的教育模式。这种校企合作模式不仅增强了学生的实践能力和就业准备，还加强了教育机构与行业之间的联系，共同推动了教育和行业的发展。

（三）实训基地与实习平台的共建

实训基地和实习平台的共建是校企合作的一个重要方面。通过共建实训基地，学生可以在真实的工作环境中进行学习和实践，这不仅能帮助学生将理论知识应用于实际，还能增强其解决实际问题的能力。例如，学校与体育公司合作，共建一个运动训练中心，作为学生的实训基地。学生在这里可以接触到最新的训练设备和技术，直接从事教练、体育管理等职业角色的实践。此外，这种合作模式允许学生在专业的指导下，进行专项训练和技能提升，如运动伤害预防和康复、运动表现分析等领域的深入研究。实训基地常设有模拟真实运动场景的设施，如模拟赛事的运营管理，使学生在实际环境中测试和优化他们的管理策略和技术应用。实习平台的建设也是校企合作的重要成果之一。企业通过提供实习岗位，使学生将课堂所学与企业实际需求相结合，获得宝贵的行业经验。这种实习机会通常包括但不限于日常训练的指导、赛事的组织与执行、客户关系管理等，使学生在毕业前就具备一定的职场竞争力。通过这些实习和实训机会，学生不仅能强化职业技能，还能在行业中建立起初步的职业网络，这对于他们未来的职业生涯发展极为有利。同时，企业能从中发现和培养潜在的人才，为企业长远发展注入新鲜血液。最终，这种校企合作模式不仅为学生提供了一个实际操作和学习的平台，也为企业提供了一个观察和筛选未来员工的窗口。这种合作关系促进了教育内容与行业需求的紧密对接，增强了教育的适用性和针对性，为学生的全面发展和行业的进步提供了坚实基础。

通过这些举措，学校与企业的合作不仅可以提升学生的职业技能和就业准备，还可以为企业培养和筛选未来的优秀员工，实现教育资源与行业需求的有效对接。这种校企合作模式不仅有助于学生的职业发展，也为企业提供了持续的人才支持，从而促进了双方的共同成长和发展。

总之，校企合作的框架在体育教育中起到桥梁和催化剂的作用，它不仅有助于教育内容与行业需求的同步更新，还能为学生提供实际操作的平台，培养他们成为体育行业的高素质专业人才。

二、行业参与的实施策略

为了使高职院校的体育教育更具行业相关性和实用性，行业参与的实施策略显得尤为重要。通过将行业标准应用于教育中、邀请行业专家举办讲座和研讨会以及将行业项目整合进学术课程，学生能更好地理解体育行业的实际需求和挑战，从而为将来的职业生涯做好准备。

（一）行业标准在教育中的应用

行业标准对于确保教育质量和学生职业技能符合行业要求至关重要，尤其在体育教育领域更是如此。这些标准为课程设计和评估提供了一个明确的框架，确保学生所学的技能和知识能够满足行业的实际需求。

首先，应用行业标准到体育教育中意味着教育机构需要与行业发展同步，把行业内认可的技能、知识点以及操作规范整合进教学内容和评估体系中。如果最新的行业标准要求体育教练必须掌握特定的急救技能和运动营养知识，这些要求就应该明确地反映在体育教育的课程设置中。这不仅可以帮助学生获得必要的职业资格认证，也可以增强他们的职业竞争力。

其次，为保证教育内容的时效性和相关性，学校应与行业协会建立密切的合作关系。通过这种合作，学校可以定期接收到行业更新和技术进步的第一手资料，并及时调整和优化课程内容。这种动态的课程更新机制不仅有助于学校教育质量的提升，也能保证学生学习到最前沿的行业知识和技术。

再次，学校可以通过引入行业专家参与课程设计和讲授，进一步强化课程的行业对接。行业专家的参与能为学生提供现实世界的见解和实际操作经验，使学习更具应用性和实践性。这种从业者的视角不仅能增加课程的吸引力，还能提高学生对专业知识的理解深度。

最后，为了确保学生能够无缝对接职业角色，学校还应提供模拟或实习机会，让学生在真实或接近真实的工作环境中运用所学知识和技能。这些实践活动是理论学习的重要补充，有助于学生检验和巩固学习成果，同时能增进他们对职业生涯的认识和准备。

通过上述措施，体育教育机构不仅能确保教育质量与行业标准同步，还能大幅提升学生的职业技能和市场适应性，从而为学生的职业发展打下坚实的基础。

（二）行业专家的讲座与研讨会

邀请行业专家到校举办讲座和研讨会是另一种有效的行业参与策略。这些活动不仅为学生提供了与行业领军人物直接交流的机会，还能让学生了解最新的行业动态、技术进展和未来趋势。例如，可以定期邀请知名体育训练师、体育管理专家或体育科技创新者，分享他们的职业经历和行业见解，激发学生的学习兴趣和职业热情。

这种直接从业内领军人物身上获得知识和经验的机会极其宝贵，它可以极大拓宽学生的视野，加深他们对体育行业的理解。例如，体育训练师可以分享他们如何使用最新科技改进训练方法，或者如何根据运动员的具体需求制订个性化训练计划。体育管理专家可能会讲述他们如何筹划和管理大型体育事件，以及如何应对其中的各种挑战。

此外，通过这些讲座和研讨会，学生还可以获得关于行业标准、职业道德和法规遵循的重要信息。这对于准备进入该行业的学生来说是不可或缺的，帮助他们更好地准备职业生涯，确保其未来行为符合行业标准和期望。

这些活动也提供了一个网络构建的平台，学生可以借此机会与讲师建立联系，甚至可能获得实习和就业的机会。行业专家的推荐和引荐在职业发展中常常起到关键作用，为学生打开进入专业领域的大门。

为了最大化讲座和研讨会的效果，学校可以考虑将这些活动纳入课程结构，作为评估的一部分，鼓励学生不仅仅要参与，更要积极互动和反馈。学生可以被鼓励准备问题、参与讨论，甚至在活动后撰写反思报告，以深化学习效果并进一步探索自己对特定话题的兴趣。

通过这样的实践，教育机构不仅提高了教育的实践性和互动性，也为学生提供了直接接触行业前沿的机会，极大促进了学生的全面发展和职业准备。

（三）行业项目的整合

将实际的行业项目整合到学术课程中是提高教育实践性的有效方法。这种整合可以通过项目式学习实现，学生在教师和行业导师的共同指导下，参与真实的行业项目。例如，学生可以参与体育事件的策划和执行、新型体育产品的测试和反馈收集，或是体育市场调研项目。这样的实践不仅能增强学生的职业技能，还能提高他们解决实际问题的能力，并在实际工作环境中应用所学的理论知识。

通过参与这些项目，学生可以获得无价的行业经验，比如，学习如何管理时间、协调多方利益者、处理突发事件以及有效沟通。例如，在体育事件的策划和执行过程中，学生将面对预算管理、团队合作、公关活动和客户服务等实际挑战，这些都是未来职场中极其重要的技能。

对于参与新型体育产品的测试和反馈收集，学生将学习如何运用科学方法评估产品的性能、如何收集和分析数据，以及如何根据反馈调整产品设计。参与这些项目不仅提升了他们的技术技能，还培养了他们的创新思维和批判性思维能力。

此外，体育市场调研项目可以让学生深入理解市场趋势、消费者行为以及竞争对手分析。通过这些调研，学生能够实际应用自己在市场营销、统计学以及商业策略课程中学到的理论知识，同时提升报告撰写技能。

学校可以通过建立与行业企业的合作关系，定期引入这类项目，以确保学生接触到最新的行业知识和技术。这种实际项目的整合不仅使课程内容更加生动，还帮助学生建立起强大的职业网络，提高其就业竞争力。

综上所述，将实际行业项目整合到学术课程中是一种极为有效的教学方法。它不仅让学生在学习过程中实现理论与实践的结合，还为他们未来的职业生涯提供了坚实基础，使他们更好地适应快速变化的工作环境。

通过这些实施策略，学生不仅能获得与传统教学方法不同的学习体验，还能在学习过程中累积对行业的深入了解和实际操作经验，为未来的职业生涯打下坚实的基础。

三、教学内容与职业技能的对接

为了确保高职院校体育教育的毕业生顺利进入职场，教学内容与职业技能的有效对接显得尤为重要。通过同步更新课程内容以匹配行业需求、整合职业技能认证，以及实施实时反馈与评估系统，教育机构可以为学生提供必要的知识和技能，增强其职业竞争力。

（一）课程与行业需求的同步更新

随着体育行业的快速发展和变化，相关的职业技能和知识需求也在不断变化。为此，高职院校需要与行业保持密切的联系，以定期更新教学内容和课程设计。这可能包括引入新的技术、理论、法规或最佳实践。例如，随着运动科学和健康技术的进步，相关课程应及时更新，以包括这些新技术的应用和管理。此外，学校可以通过建立行业咨询委员会，聘请行业专家参与课程设计和教学计划的审核，确保课程内容既具实用性又具前瞻性。

此外，随着数字化和信息化技术的普及，体育行业正逐渐采用更多的高科技产品和服务，如可穿戴设备、大数据分析和人工智能应用等。因此，课程内容的更新也需要包括数据分析、软件应用和技术维护等方面的知识，使学生熟练使用这些新兴工具，更好地适应未来职场的需求。

为了保证教育内容的实时性和前瞻性，高职院校可以定期举办行业研讨会和讲座，邀请行业内的领军人物和专家分享最新的行业动态和研究成果。这不仅有助于教师和学生了解行业趋势，还能激发学生的创新思维和实践能力。

同时，为了增强课程的实际应用性，学校可以与本地或国际的体育机构、企业建立长期的合作关系。通过这些合作，学生可以有机会参与真实的项目，如运动队的体能训练、体育赛事的组织与管理，以及新产品的市场推广等。这些实际经验不仅可以巩固学生的专业知识，还可以帮助他们提前适应未来的工作环境。

综上所述，随着体育行业的不断进步和技术的迅速发展，高职院校必须积极应对这些变化，通过与行业的紧密合作和教学内容的及时更新，为学生提供实用、前瞻且符合行业需求的教育资源，从而为他们的职业生涯奠定坚实的基础。

（二）职业技能认证的整合

职业技能认证在体育行业中扮演着关键角色，它是衡量专业技能和知识水平的重要标准。高职院校通过将这些认证需求整合到课程设计中，不仅可以提升教育质量，还可以直接增强学生的职业竞争力。

首先，将职业技能认证的要求纳入课程意味着学校需要详细了解各种职业技能认证的具体要求，例如，1+X 运动营养咨询与指导职业技能等级证书考试内容由理论和实操两部分组成，理论涵盖运动、营养、食品、生理、生化等多学科融合内容，实操对运动营养测评、膳食营养调查与评估、运动方案的制定、膳食配餐指导、运动营养食品选用、运动期营养优化指导及行为及心理干预方案的理论知识与实践技能等方面进行了全面考核。通过这样的课程设置，学生不仅能系统地学习相关知识，还能在实践过程中磨炼自己的技能。

其次，学校可以积极与职业教育培训评价组织申报职业技能认证证书试点院校，要求专职教师积极参与技能资格认证的师资培训及考评员资格认证，为职业技能认证培训的高质量开展奠定基础。完成实训基地和考核站点的建设工作，以保障参训学生顺利参加理论考试和实操技能考核。进一步与职业教育培训评价组织建立合作关系。这种合作可以是双方共同开发课程，确保教学内容与行业标准同步，或者是学校直接提供认证考试的场地和设施。通过在校园内提供认证考试，学校可以极大地方便学生参加考试，减少他们的时间和经济负担，使学生更加专注于学习和准备。

再次，学校可以定期邀请行业专家和认证机构的代表来校举办讲座和研讨会。这不仅能帮助学生更好地理解行业发展趋势和认证标准，还能直接从专家那里获得职业发展的建议和指导。这种行业接触的机会能显著拓宽学生的职业视野和提升他们的实际操作能力。

最后，为了确保学生顺利通过职业技能认证考试，学校应提供充分的预备资源，如模拟考试、考前辅导班和个性化辅导。这些资源可以帮助学生识别自己在学习中的薄弱环节，并加强针对性地复习，最大化考试的通过率。

通过上述举措，高职院校不仅能有效提升学生的职业资格，还能加强学校与行业之间的联系，增强学生的就业能力，为他们未来的职业生涯提供坚实的基础。

（三）学生技能的实时反馈与评估

实时反馈和评估对学生技能的提升至关重要。通过实施基于表现的评估系统，教师可以及时了解每位学生的进步和存在的问题，并及时调整教学方法或提供个别辅导。这种反馈机制不仅限于课堂表现，也应包括实习和模拟训练中的表现。此外，采用数字化工具，如在线评估平台，可以更系统地收集和分析学生的表现数据，提供更具针对性的反馈，帮助学生更清晰地了解自己在哪些方面需要进一步努力。

通过这种动态的评估系统，教师可以为学生设定个性化的学习目标，并监控他们在特定技能和知识点上的进展。例如，在体育训练课程中，利用视频分析软件回放学生的运动表现，教师和学生可以一起分析技术动作的准确性和效率，从而发现潜在的改进空间。

此外，这种评估系统还能促进学生自我反省和自我管理能力的发展。学生可以通过访问在线平台，随时查看自己的成绩、反馈和进步情况，这种即时的信息反馈可以激励学生更加积极地参与学习和训练过程。

数字化评估工具的应用也为教师提供了大量数据，这些数据可以用来进一步改进教学策略。例如，通过分析整个班级的表现数据，教师可以识别出教学计划中的弱点，或是需要额外强调和练习的技能领域。这种数据驱动的教学方法能够大大提高教学的效果和效率。

进一步地，将实时反馈和评估整合到学生的职业发展规划中，学校可以与行业合作伙伴共同设计评估标准和工具，以确保学生所学技能符合行业标准和需求。这样不仅可以帮助学生为未来的职业生涯做好准备，同时可以提高他们的就业竞争力。

综上所述，通过有效的实时反馈和评估系统，教育机构可以更好地支持学生的学习和发展，使他们在快速变化的行业环境中不断提升自己的能力和适应性。

总之，通过确保教学内容与职业技能的有效对接，高职院校可以大幅提升体育教育的实用性和时效性，更好地为学生的未来职业生涯做准备。这种教育模式不仅有助于学生获得必要的职业资格，还能提升其解决实际问题的能力，使他们成为行业中的有价值人才。

四、实习与就业指导

为确保体育专业学生顺利过渡到职业领域，高职院校需要实施有效的实习与就业指导计划。这包括定向的培养与实习安排、企业参与的职业指导，以及就业渠道的拓宽和支持。这些措施旨在提升学生的职业技能、加深其行业理解，以及增强其就业竞争力。

（一）定向培养与实习安排

定向培养是根据企业具体需求设计课程和实习项目，目的是为特定职位或行业培养合格的毕业生。学校与企业合作，提前确定学生的实习岗位，以确保教学内容与企业需求高度匹配。例如，学校可以与体育俱乐部、健康管理公司或体育营销机构合作，设计与这些领域相关的专门课程，并安排学生在合作机构进行实习，这样不仅能增强学生的实际操作能力，还能让学生提前适应未来的工作环境。

此外，定向培养程序还包括定制的培训模块和专业研讨会，这些都是为了提升学生在特定领域的核心技能和知识。例如，与体育俱乐部合作时，可以引入运动科学、运动心理学和体育管理的专门课程，这些都可以帮助学生更好地理解和应对实际工作中可能遇到的情况。

这种合作模式也能使企业直接影响课程内容的设置，确保所教授的技能和知识与行业标准及新兴趋势保持一致。如果健康管理公司需要擅长使用最新健康监测技术的专业人员，那么学校可以相应地调整课程，增加相关技术的教学和实践，如可穿戴设备的数据分析等。

同时，通过实习和实践项目，学生可以获得宝贵的行业经验和职业技能，这不仅提升了他们的职业技能，也帮助他们建立起行业联系。这种早期的职业接触和网络构建为学生的职业发展提供了跳板，增加了他们毕业后快速就业的可能性。

最后，定向培养项目还包括对学生职业发展的持续跟踪和支持，以确保他们在毕业后顺利过渡到职场，同时为企业培养出真正符合需求的人才。通过这样的校企合作模式，教育机构不仅提升了教育质量和相关性，也增强了自身的社会责任感和市场适应性。

（二）企业参与的职业指导

企业的参与在职业教育和指导中扮演着至关重要的角色。通过与企业的紧密合作，教育机构可以极大丰富学生的学习经验，同时为企业提供接触和培养未来人才的机会。

首先，邀请行业内的专业人士到校园举办讲座和研讨会是一种非常有效的职业教育方法。这些活动允许学生直接从行业专家那里学习实际的工作知识和技能。通过这种互动，学生可以了解最新的行业动态和技术发展趋势，这些信息对于他们制订职业规划和学习路径具有重要指导意义。例如，一个资深的工程师可能会分享他对未来技术变革的见解，而一个市场营销专家可能会讨论最新的市场营销策略。

其次，企业代表可以提供关于职业道德和工作文化的重要见解。这些是课堂教学中很难深入讨论的主题，但对学生将来融入职场至关重要。通过了解企业对职业道德的要求和工作场所的行为规范，学生可以更好地为未来的工作生活做准备。

再次，企业代表的参与提供了实用的求职技巧培训。这包括简历写作、面试技巧、网络建设等，都是帮助学生成功获取职位的关键技能。例如，HR 经理可能会指导学生如何准备面试、如何展示自己的优势以及如何有效地与未来的雇主进行沟通。

这些活动为企业提供了一个发掘和识别未来人才的平台。企业可以通过这些互动了解学生的潜力和专业兴趣，甚至可以在学生还在校园的时候就开始进行人才的早期识别和培养。这不仅有助于企业构建一个更健康和持续的人才供应链，同时增加了学生的就业机会。

最后，这种校企合作的模式为学生提供了一个理论与实践相结合的学习环境，这是传统教育方法难以实现的。通过参与企业的实际项目，学生可以在学习期间就体验真实的工作环境，这对于他们的职业发展和技能提升具有不可估量的价值。总之，企业的积极参与不仅能极大提高教育的实用性和针对性，还能为企业和学生之间建立起更紧密的联系，实现互利共赢。

（三）就业渠道的拓宽与支持

为了帮助学生顺利就业，学校需要采取多种策略与更广泛的行业网络建立联系，并积极拓宽就业渠道。这种方法不仅增强了学生的职业准备，也提高了教育课程与市场需求的对接度。

首先，建立一个强大的校友网络是连接行业与学校、帮助新毕业生就业的重要方式。校友们在各自的行业中往往已积累了宝贵的经验和广泛的人脉，能够为在校学生提供实习机会、职业建议，甚至推荐工作。学校可以通过定期举办校友聚会、发布校友通信或建立在线社交平台维持与校友的联系，同时鼓励校友分享他们的职业道路和成功经验。

其次，参与行业招聘会是学校拓宽就业渠道的直接方法。这些招聘会通常吸引多个行业的企业参加，为学生提供了展示自己能力、与潜在雇主面对面交流的机会。学校应该定期组织学生参加这些活动，并提供事前培训，比如，如何有效展示自己、如何与雇主交流等，以提高学生的成功率。

再次，与多个企业建立长期合作关系是另一种有效的就业渠道拓宽方式。通过这种合作，企业不仅可以在学生中早期识别并培养潜在的未来员工，学校也可以依据企业的反馈优化课程设计，使教学内容更贴近实际工作需求。这种合作可以是提供实习岗位、参与课程设计，甚至共同开展研究项目等。

学校应建立专门的就业服务部门，这个部门负责帮助学生准备简历、提供面试辅导以及职业规划服务。专业的就业顾问可以根据学生的职业兴趣和专业背景，提供个性化的指导，帮助学生识别合适的职业道路，提高就业竞争力。

最后，通过实时更新的就业数据和市场反馈，学校可以及时调整教学方案。这包括更新课程内容、引入新的技术或理论、增加实践性强的项目等，以确保教育内容与行业标准及市场需求保持一致。这种动态的调整机制使教育内容始终保持活力，更好地为学生的成功就业做准备。

通过这些综合措施，高职院校可以为体育专业的学生提供全方位的实习与就业支持，帮助他们建立起坚实的职业基础，从而在竞争激烈的就业市场中脱颖而出。这种实习与就业指导的整合不仅有助于学生的职业发展，也提升了教育机构的教育质量和社会声誉。

五、教育成果与持续改进

为确保体育教育模式的效果与持续性，高职院校需要对教育成果进行持续的监控与评估，并基于反馈采取相应的改进策略。此外，通过分析校企合作的成功案例，学校可以更好地理解有效合作的要素，并将这些经验应用于未来的教育实践中。

（一）教育质量的监控与评估

持续监控和评估教育质量是确保教育目标实现的关键。这包括对教学过程、学生满意度、毕业生就业率以及与行业标准的符合度进行定期评估。学校可以采用多种工具和方法进行这些评估，例如，学生和教师的问卷调查、第三方审计以及同行评审等。这些评估不仅应关注学术成果，还应考虑学生的职业发展和个人成长。通过这些数据，学校能够获得关于教育质量的实时反馈，并及时调整教育策略和内容。

此外，为了更全面地评估教育成效，学校还可以引入跟踪毕业生职业路径的机制，这包括他们的就职公司、职位层级以及职业满意度等。这种长期的跟踪评估可以帮助学校了解其教育服务在实际工作环境中的应用效果，从而对课程内容进行必要的更新或改进。

学校也应该定期邀请行业专家参与课程评审和开发，以确保课程内容与行业需求保持一致。这些专家不仅能提供关于最新行业趋势的见解，还能帮助学校识别教育内容中可能存在的空白或过时的信息。

在使用问卷调查和反馈机制时，重要的是确保这些工具能够全面收集学生、教师以及雇主的意见。这些反馈应被认真分析，并用于指导教育质量改进的具体措施。如果学生反馈显示某些课程的教学方法不够互动，那么学校可能需要考虑引入更多的案例研究、实际操作或团队项目增强学习体验。

同时，第三方审计和同行评审可以为学校提供一个外部视角，帮助识别教育过程中可能忽视的问题。这些评估通常更加客观和全面，能够提供关于教育机构整体运营效率和教育质量的重要信息。

通过实施这些多维度的评估策略，学校不仅能确保教育目标的实现，还能持续提高教育服务的质量，满足学生的学习需求，并适应快速变化的教育环境和市场需求。这种持续的监控和评估机制是学校提供高质量教育服务的基石，对于维护其教育品牌和市场地位至关重要。

（二）持续改进的策略

基于教育评估的结果，学校应制定并实施持续改进的策略。这可能包括更新课程内容、提升教学方法、加强教师培训，以及改善学生支持服务等。如果评估发现某些课程与行业需求不匹配，那么学校可以与行业专家合作，对课程进行必要的调整和更新。此外，引入现代教育技术，如在线学习平台和虚拟现实教学工具，也是改进教学效果的有效方法。通过这些策略，学校能够不断优化教育过程，提高教育质量。

这种持续改进的策略还包括定期评估教师的教学效果和专业发展需求。提供针对性的教师培训和职业发展课程可以帮助教师更新他们的教学技巧和知识，特别是在教学技术和学生互动方面的创新方法。例如，教师可以通过参加工作坊和研讨会学习如何更有效地利用数字工具进行课堂互动，或者如何设计包容性教育策略以适应多样化的学生群体。

针对学生支持服务的改进也至关重要。这可能包括扩展学术辅导服务、提供更多的职业规划和心理健康支持，以及增强学生事务服务的可访问性和响应性。例如，建立一个综合学生支持中心，可以提供从学业辅导到心理健康咨询的一系列服务，帮助学生在学术和个人发展方面取得成功。

此外，对于课程内容的更新，不仅应关注技术或知识的最新发展，还应确保课程设计反映当前行业的实际需求和未来趋势。这可能意味着与更多的企业合作，开发实习和项目合作机会，或者引入实际案例研究，使学习内容更加生动和实用。

通过这些综合策略的实施，学校不仅能提升教育服务的质量，还能增强学生的就业能力和满意度，从而在高等教育市场中保持竞争力和相关性。这种持续改进的文化也鼓励了教育社区中的所有成员——学生、教师和行政人员，共同参与和投入创造一个充满活力和反应迅速的学习环境。

（三）校企合作成功案例分析

分析校企合作的成功案例不仅可以为教育机构提供宝贵的经验和启示，还可以帮助其他学校理解哪些合作模式最有效，以及如何在合作过程中应对各种挑战。这种分析尤其重要，因为它提供了实际的证据和深入的洞见，有助于优化和改进未来的合作项目。

首先，通过回顾合作项目的策划阶段，学校可以了解到明确的合作目标和详尽的计划是成功的关键。例如，一个合作项目是否在起始阶段就明确界定了双方的期望、资源投入和目标群体，往往会直接影响合作的成效。策划阶段的详细工作包括市场调研、需求分析、资源匹配，以及双方责任的明确划分。

在执行阶段，学校需要关注合作项目的管理和监督机制。例如，在某高职院校与国际体育品牌合作的案例中，双方建立了定期沟通机制和项目跟踪系统，确保合作项目按照计划顺利进行，并及时解决执行过程中出现的问题。通过实时监控和调整，合作双方可以确保项目的质量和效果。

评估阶段则是分析合作成效和吸取经验的关键时刻。通过对项目结果进行详细评估，包括学生的技能提升、就业率的变化以及企业的满意度等，学校可以量化合作的成功程度。此外，在评估过程中收集的反馈也可以用来优化未来的合作项目。

以某高职院校与国际体育品牌的合作为例，该项目通过引入企业的资源和专业知识，不仅丰富了课程内容，提高了教学质量，也通过实际的项目工作和实习机会增强了学生的职业技能。这种直接与行业接轨的教学模式显著提高了学生的就业率，成为一个值得借鉴的成功案例。

　　总结这些成功案例，学校可以提炼出有效的合作要素和管理策略，如明确的目标设定、强有力的执行监督以及实时的项目评估。这些经验对于未来寻求校企合作的教育机构具有重要的指导价值，有助于他们构建更加稳固、有效的合作关系，从而更好地服务于学生和社会的需要。

　　总之，通过对教育成果的持续监控与评估，以及基于反馈进行的持续改进，高职院校可以确保体育教育模式的有效性和持续性。同时，通过分析校企合作的成功案例，学校可以进一步优化合作模式，实现教育目标，为学生未来的成功铺平道路。

第六章　高职院校体育类专业高素质技术技能人才培养模式

第一节　高素质技术技能人才的内涵

在高等教育和职业培训领域，高素质技术技能人才通常指那些不仅拥有必要的技术技能，以满足特定行业的操作和生产需求，而且具备广泛的职业素养和软技能的个体。这类人才能够在其技术领域展示卓越的操作能力，同时在团队协作、创新思维、问题解决和持续学习等方面表现出高水平的能力。他们通常被视为各行各业中技术能力与专业素养的综合体现，能够适应快速变化的工作环境，并对职业生涯有着明确的规划和发展目标。

在全球化和技术快速进步的当今世界，高素质技术技能人才在推动社会经济发展中扮演着关键角色。他们是创新的先驱者和实践的执行者，能够有效将新技术应用于实际操作中，提升生产效率和服务质量。此外，随着经济结构的持续优化和产业升级，对于能够操作复杂机械、管理先进系统并进行创造性解决方案的技术人才的需求日益增加。这类人才，有助于企业保持竞争力，推动产业创新，同时是国家竞争力的重要标志。

在教育层面，培养这样的人才对于学校的课程设计和教学方法提出了新的要求，特别是在实现教学内容与职场需求对接方面。因此，高素质技术技能人才的培养不仅关系到教育机构的教育质量，也直接影响国家的经济发展和社会进步。通过了解这类人才的重要性，教育机构和政策制定者可以更好地进行资源配置和政策制定，以支持和促进技术技能人才的成长和发展。

一、技术技能的范畴与分类

技术技能在现代职场中发挥着至关重要的作用，几乎贯穿所有行业，无论是高科技领域还是传统产业，技术技能都是员工必须掌握的基本要素。这些技能的应用范围广泛，涵盖从 IT 到制造业，再到体育等多个领域，每个领域对技术技能的需求和侧重点都有所不同。

首先，技术技能可以分为认知技能和操作技能两大类。一方面，认知技能涉及高阶思维能力，包括逻辑思维、信息理解和分析等。在 IT 行业，认知技能的重要性尤为突出。在这个领域，员工需要处理复杂的数据，理解并优化算法，进行系统设计与故障排除。例如，软件工程师或数据科学家必须具备优秀的编程能力、算法设计和系统分析能力，这些都是认知技能的重要组成部分。这类技能使专业人员创造新的技术解决方案，推动技术的发展。

另一方面，操作技能涉及个人执行特定物理任务的能力，这在制造业和体育领域尤为关键。例如，在制造业中，操作技能可能包括精确地操作机械设备、执行复杂的组装流程，或进行高标准的质量检验。这类技能要求员工不仅能深入理解设备和工艺流程的工作原理，还能熟练进行物理操作，确保生产效率和产品质量。

在体育领域，操作技能则主要指运动技巧和身体能力。这一点与 IT 和制造业的技能需求明显不同，体育技能更多地侧重运动员的身体协调性、敏捷性、力量和战术应用能力。例如，一名足球教练可能需要教授运动员如何控球、射门、跑位以及执行团队战术。这些技能是运动员表现出色的基础，需要通过长时间的实践和训练来精炼。

了解这些技能的分类和行业应用不仅有助于学校和教育机构设计更符合市场需求的课程，也使企业更明确地定义员工培训和发展的方向。通过综合利用认知技能和操作技能，不同行业的专业人士可以更有效地提升自身竞争力，推动个人和企业的成长。此外，跨行业的技能交流和学习也是当前职场发展的一个趋势，如 IT 技能逐渐融入制造业和体育领域，使这些传统领域也能借助现代技术实现创新和效率的提升。

二、高素质人才的核心素质

在现代教育体系中，体育教学不仅仅关注学生的身体健康，也致力于培养高素质人才。这种教育模式强调的不只是运动技能的培养，更是对学生核心素质的全面提升。以下是针对高校体育教学中所强调的三项核心素质的详细解读。

（一）专业知识与技能

在体育教学中，专业知识与技能的全面培养构成了教育的核心。这一过程不仅仅涉及体育运动的基本技巧和规则的掌握，更广泛地包括运动生理学、运动心理学、运动营养学等相关学科的深入学习。这种综合的教育模式使学生全面理解体育活动对人体的多方面影响，并掌握如何科学地提高运动表现。

首先，对于运动技能的教学，不仅要求学生掌握技术动作，还要求他们理解这些动作的科学原理。例如，在教授篮球投篮技巧时，教师需要解释力学原理、协调性发展和精准控制如何影响投篮的准确度和效率。这种教学方法不仅有助于学生在模仿中学习，而且能通过理解原理独立分析并改进自己的技术。

其次，运动生理学的教学可以使学生理解人体在进行各种运动时的生理变化，比如，肌肉如何反应、能量如何供应，以及不同训练强度对身体系统如心血管系统和呼吸系统的影响。这些知识的学习对于学生设计个人或团队的训练计划，预防运动伤害等方面都至关重要。

再次，运动心理学的内容则包括运动员的心理准备、压力管理和竞赛中的心理战术。通过这一学科的学习，学生可以了解如何通过心理技巧提升运动表现，如设定目标、自我激励和面对竞赛压力的策略。

最后，运动营养学的教学帮助学生理解正确的饮食如何支持体能训练，提高运动效率，并加速恢复过程。教师可以介绍不同类型的营养素如何影响运动表现，以及如何根据运动类型和强度调整饮食计划。

通过案例分析的方式，教师可以将这些理论知识与实际情况相结合，展示不同的训练方法在实际应用中的效果及其科学依据。例如，分析顶级运动员的训练日程和饮食计划，讨论这些策略如何帮助他们达到最佳状态。通过这样的互动和实际案例的分析，学生可以更深入地理解理论知识的实际应用，从而更全面地为成为未来的体育专业人士做准备。

（二）创新能力与问题解决技巧

创新能力是当代高素质人才必备的能力之一。在体育教学中，这种能力的培养可以通过引导学生进行多样化的体育活动和创新性训练实现。教师可以鼓励学生不仅要学习传统的运动模式，还要探索新的运动形式或改良现有的训练方法。此外，解决比赛中突发情况的能力也是体育教学中的重要一环。通过模拟比赛或团队合作项目，学生可以学习在压力下快速思考并找到解决问题的策略。

为进一步提升学生的创新能力，教师可以设计特定的课程和活动，如创意体育工作坊或发明新运动游戏的挑战，让学生在实践过程中发挥想象力和创造力。这些活动不仅促进学生的身体发展，还激发他们的思维方式，使他们思考如何改进或创造体育活动以提高乐趣和效率。

教师还可以引入跨学科的学习项目，如结合科技、艺术或音乐与体育的活动。例如，利用可穿戴技术追踪运动表现，或者结合音乐节奏设计训练程序，这些都是培养学生综合思维能力的好方法。通过这些跨学科的活动，学生不仅可以增强体能，还可以学习如何将不同领域的知识应用到体育活动中，从而拓宽视野和增强创新能力。

此外，为了培养学生在实际比赛中应对复杂情况的能力，教师可以定期组织模拟比赛，其中特意设置不同的挑战和障碍，迫使学生在不同的压力和复杂情况下思考和反应。这样的训练不仅提高他们的体育技能，也锻炼他们快速决策和创新解决问题的能力。

通过这些丰富多样的教学方法，体育教育不仅可以提高学生的体育技能和身体健康，还可以大幅度提升他们的创新能力和综合素质。这种综合能力的培养，使学生在未来的学习和职业道路上更具竞争力和适应性。

（三）持续学习与自我提升的能力

在快速变化的现代社会中，持续学习与自我提升的能力是不可或缺的，特别是在体育教育领域。为了应对未来的挑战，体育教学不仅应注重技能的传授，更应致力于培养学生的自我驱动力，激发他们对持续学习新知识和新技能的热情。实现这一目标的策略可以多样化，具体包括以下几个方面。

首先，设定个人和团队目标是激发学生自我驱动力的有效方式。教师可以引导学生根据自身兴趣和长期职业规划设定具体可达成的目标。例如，教师可以帮助学生制定短期和长期的训练目标，这些目标应具体、量化，并且能激发学生的挑战欲望。通过持续追踪这些目标的实现情况，学生可以体验成长的快感，从而更有动力持续提升自己。

其次，参与高水平的体育竞赛是提升学生自我驱动力的重要手段。竞赛不仅能提供一个展示技能的平台，更是学生学习如何在压力下保持最佳表现的机会。在这种环境下，学生能够学习如何管理比赛中的压力、如何从失败中吸取教训，并且如何在团队中发挥领导作用。这些经验对于学生的个人成长和职业发展具有重要意义。

最后，进行跨学科的学习活动能有效激发学生的学习兴趣和自我提升的动力。例如，将体育教学与管理学、心理学、数据分析等其他学科相结合，可以开展一些创新的教学项目。学生可以参与体育管理或体育科技的研究项目，如分析运动数据优化训练效果，或者研究运动心理学如何影响运动员表现。这种类型的项目不仅可以提高学生的专业技能，还可以拓宽他们的知识视野，激发他们对体育领域之外知识的探索兴趣。

通过这些方法，体育教育可以培养学生的自我驱动力，使他们在未来职业生涯中自主学习和适应各种挑战。这种教育模式不仅对学生个人发展有益，也对整个社会的进步贡献巨大。

三、社会与人文素质的融合

在体育教育中，除了培养专业的体育技能外，社会与人文素质的融合同样至关重要。这些素质帮助学生在进入更广阔的社会和职业环境时，展现出良好的人际交往能力、职业道德以及对多元文化的理解和尊重。

（一）沟通能力与团队合作

沟通能力是体育教育中必不可少的一环，特别是在团队运动中，有效地沟通可以促进团队合作，提高团队的整体表现。体育教学应重视这一点，通过团队讨论、策略会议和角色扮演等多种教学方法强化学生的口头和非口头沟通技巧。此外，通过团队运动和协作游戏，教育者可以教授学生如何在竞争与合作中找到平衡，培养学生的领导能力和团队精神，这对他们未来无论是在体育领域还是在其他职业领域中都是非常宝贵的资产。

为了进一步增强沟通技能，可以引入情境模拟练习，其中，学生需要在模拟的比赛环境中应用他们的沟通和决策技能。例如，可以创建一个场景，要求学生在比赛中的关键时刻快速做出决策，并有效地与队友沟通策略。这种练习可以帮助学生在真实的压力下练习沟通技巧，提高其在紧张情况下的表现能力。

教师还可以利用视频分析，让学生观看职业运动员在比赛中的沟通和协作场景，分析和讨论这些高水平运动员是如何在高压力环境下保持有效沟通的。这种分析不仅可以加深学生对沟通重要性的理解，还可以提供实际的示范，供学生学习和模仿。

此外，团队建设活动也是提高沟通能力的重要工具。通过组织团队挑战和户外活动，学生可以在非正式但需要密切合作的环境中实践沟通技巧。这些活动不仅有助于增强团队间的信任和默契，还能教会学生如何在团队中有效发声及倾听他人的意见，这是建立成功团队的关键要素。

最后，教育者应该强调反馈的重要性。通过定期的个人和团队反馈会议，学生可以了解自己的沟通风格及其效果，识别需要改进的领域。教师可以提供具体的改进建议，帮助学生发展成为更有效的沟通者。

通过这些综合方法的实施，体育教育不仅能教授学生运动技巧，还能培养他们成为更好的沟通者和团队成员，这将极大增强他们在未来职业生涯中的竞争力和适应性。

（二）道德标准与职业责任感

体育活动不仅是提升身体素质的重要手段，更是培养学生道德观念和责任感的关键平台。在高职院校中，体育教学应当融入职业道德教育的元素，通过各种教学方法，强化学生对遵守规则、公正竞争的理解和重视。这样的教育不仅塑造学生的体育技能，更是在培养未来社会中具有责任感的公民。

首先，在体育教学中融入道德教育可以通过教学案例分析实现。教师可以选取历史上体育竞赛中的经典案例，分析其中的道德决策和行为，如运动员如何在关键时刻选择诚实而非作弊，或是如何面对不公正的判决。这些案例可以帮助学生理解，在体育竞技中，道德的考量与技术表现同等重要。

其次，模拟情境是另一种有效的教学方法。通过角色扮演，学生可以身处假定的竞赛环境中，例如，扮演运动员、裁判或对手，然后面对诸如作弊诱惑、对抗不公行为等道德困境。这种互动形式的教学不仅加深了学生对规则的理解，还锻炼了他们在实际情境中应用道德原则的能力。

最后，实际竞赛的参与本身也是一个很好的教育场景。通过组织校内外的体育比赛，学生有机会将课堂上学到的道德教育知识应用于实践。在比赛过程中，学生必须实际面对和解决比赛带来的压力，学习如何尊重对手和裁判，以及如何在失利后保持风度。这些经历教会他们在现实中如何维护公正和诚信。

这些教学活动综合起来，能有效帮助学生建立强烈的职业责任感和道德标准。更重要的是，它们为学生提供了反思和增强自我约束力的机会，为学生将来成为能够承担社会责任的成员打下坚实的基础。体育教学不仅提升了学生的体能，更重要的是通过体育精神的培养，让他们学会在生活的各个领域都能坚持公正和诚信。

（三）文化素养与全球视野

在全球化日益加深的今天，体育也成了跨文化交流的一部分。体育教育应当培养学生的文化素养和全球视野，使他们欣赏和理解不同文化背景下的体育活动和价值观。通过引入国际体育赛事的观看与分析、邀请外国教练和运动员进行交流，以及组织国际体育交流活动，学生可以获得更广泛的世界观，理解体育在全球文化中的角色和意义。这不仅增强了学生的文化敏感性，也为他们在国际舞台上的发展奠定了基础。

为了进一步强化跨文化的体育教育，学校可以设置特定课程，专注于比较不同国家的体育传统和实践。这些课程可以探讨体育活动如何反映其社会和文化的特征，例如，探讨橄榄球在新西兰的文化意义，或分析巴西的足球如何成为国家身份的一部分。通过这些深入的学术研究，学生不仅可以学习体育技巧，还可以理解体育如何在不同文化中传递价值和信仰。

此外，组织国际访学项目也是拓宽学生全球视野的有效方式。通过这种项目，学生可以直接访问不同国家、参与当地的体育活动，并与外国学生和教练进行面对面的交流。这种亲身体验不仅可以加深学生对全球体育实践的理解，还可以在实际情境中练习语言和交际技能，深化对不同文化的认识和尊重。

在技术层面，利用虚拟现实技术模拟不同文化的体育环境和活动也是一个创新的教学方法。通过虚拟现实体验，学生可以"参与"国际赛事或在虚拟环境中与国际选手"竞技"，这种沉浸式的学习体验能够极大拓宽学生的文化视野和增加学习的趣味性。

通过多样化的教育策略，体育教育不仅仅是培养学生的体育技能，更是培养他们成为具有全球意识、能够在多元文化背景下自如交流与合作的国际公民。这样的教育是为学生进入全球化的世界、在国际舞台上追求更广阔的职业和生活机会做好准备的关键。

四、教育与培养路径

在高校体育教学模式中，教育体系在培养技术技能人才方面发挥着至关重要的作用。这一部分将探讨教育体系的角色、创新教育方法与实践，以及生涯规划与职业发展支持的重要性。

首先，教育体系是培养技术技能人才的基石。在体育领域，高等教育不仅提供理论知识，还强调实践技能的培养。这包括从基本的体育运动技能到高级的教练技巧和团队管理能力。教育机构需要确保课程内容与体育行业的需求保持一致，以适应不断变化的体育界要求。

其次，创新教育方法与实践在体育教育中也愈发重要。项目式学习是一种有效的方法，它通过模拟真实世界的体育场景增强学生的实践和解决问题的能力。例如，学生可能需要设计并执行一个小型的体育赛事，在这一过程中，他们不仅能学习如何组织和管理赛事，还能获得实际操作的经验。此外，校企合作提供了另一个教育创新的途径，通过与体育公司和专业团队进行合作，学生可以获得实习机会、增强职业技能，并与行业专家进行交流。

最后，生涯规划与职业发展支持是学生成功转型为体育行业专业人士的关键。高校应提供职业规划服务，帮助学生识别他们的兴趣和技能，规划适合的职业路径。此外，学校可以举办职业发展研讨会、招聘会和行业讲座，通过这些活动，学生可以了解行业趋势，建立专业网络，增加就业机会。

通过这三个方面的结合，高校的体育教育模式能够有效培养出适应现代体育行业需求的高技能人才，为他们的职业生涯打下坚实的基础。

第二节　高职院校体育类专业高素质技术技能人才培养规格的实现路径

体育行业正经历着前所未有的发展，这不仅体现在体育活动的普及和多样化上，还包括体育科技的快速进步和国际体育市场的扩展。随着健康意识的增强和体育旅游、休闲体育的兴起，体育行业对专业人才的需求日益增加。这些人才不仅要具备传统的体育技能，更要懂得如何利用现代科技提升训练效果，以及如何在全球化的背景下进行体育产品的市场推广和管理。因此，体育教育的目标正在从简单的技能传授转变为培养能够适应这些新趋势的复合型人才。

总之，高素质技术技能人才在体育领域不仅是技术的执行者，更是体育文化的传播者和体育行业创新的推动者。他们的培养将直接影响体育行业的未来发展和国家体育事业的国际竞争力。

一、落实技术技能人才优惠政策，全面弘扬技能成才价值体系

（一）全面弘扬技能成才价值体系

培养更多高素质技术技能人才无疑是"中国制造"走向"中国智造"，"中国速度"走向"中国质量"，"中国产品"走向"中国品牌"的重要保障。而成为高素质技术技能人才的内在因素之一则是执着专注、精益求精、一丝不苟、追求卓越、领悟技术的工匠精神。这一方面源于个人匠心筑梦、技能报国的精神追求；另一方面是政府要在全社会大力弘扬工匠精神，引导更多的人愿意成为高素质技术技能人才。这决定了高素质技术技能人才不仅需要"在执着专注中涵养敬业美德""在精益求精中淬炼乐业境界""在一丝不苟中锻造勤业操守""在追求卓越中磨砺精业能力"，而且只有在全社会大力弘扬执着专注、精益求精、一丝不苟、追求卓越的工匠精神，才能使受教育者在敬业、乐业、勤业、精业中成为高素质技术技能人才，为实现中华民族伟大复兴贡献智慧和力量。

这一转变要求从多方面系统地推进。

第一，教育体系的深度融合与创新。教育体系必须与行业实践紧密结合，通过更新教育政策、课程内容和教学方法，将实践技能和理论知识的传授更好地结合起来。教育机构应与企业联合，开发符合行业需求的课程，让学生在真实的工作环境中学习和实践，提高其实战能力和技术应用的深度。

第二，文化建设与价值引导。弘扬工匠精神不仅是技能培训的需求，更是文化塑造的结果。政府和教育机构应通过多渠道宣传工匠精神的重要性，例如，通过媒体、研讨会和社区活动，激发社会对深度钻研的尊重与支持。

第三，持续的职业培训和生涯规划。对于已经进入职场的技术人才，应提供持续的职业发展支持，包括高级技能培训、职业规划咨询等。这有助于技术人才持续更新技能库，适应快速变化的工业需求。

第四，国际交流与合作。通过国际合作项目、交换计划和国际竞赛，不仅可以拓宽技术人才的国际视野，还可以引入国外的先进技术和管理理念，促进国内外技术技能的交流与提升。

第五，政策支持与激励机制。政府应制定具有前瞻性的政策，支持技术教育的发展，建立税收减免、资金补助和奖励制度，鼓励更多年轻人投身技术技能领域。同时，

为企业聘用高素质技术技能人才提供额外激励，促进企业参与人才培养过程。

（二）落实技术技能人才优惠政策

落实技术技能人才优惠政策是提升劳动者成为高素质技术技能人才的动力。比如，《关于加强新时代高技能人才队伍建设的意见》所强调的，"优"的待遇水平和"好"的发展前景是关键因素。政策中提到的完善技能导向的使用制度、健全高技能人才岗位使用机制、设立技能津贴、班组长津贴、带徒津贴等，都是为了支持和鼓励高技能人才在岗位上发挥技能、管理班组、带徒传技，以及完善技能要素参与分配制度和稳才留才引才机制。

在具体落实中，可以通过以下两个主要方面执行。

1. 用人制度的革新

实现不同类型人才之间的互通。通过打破传统的身份、学历和编制限制，实施"唯才是举，唯能是用"的用人准则，使不同类型的人才沿着纵向路径递进发展。

根据个人的综合能力和贡献，让技术人才有机会进入管理阶层，从而促进技术人才与管理人才的融合发展并实现互通，这将有助于技术人才的职业发展和满意度提升。

2. 待遇的优化与提升

①经济待遇：确保高素质技术技能人才的经济待遇反映其技术技能的价值，实现"技高者多得"的分配原则。这不仅仅是为了满足技术人才的期望，也是为了在全社会形成追求高技艺的浓厚氛围。

②精神奖励与社会地位：通过授予技术能手和高技能领军人才称号，优先晋升职业资格等级，提升技术人才的社会认可和尊重。此外，为高素质技术技能人才在企业管理中搭建参与平台和提供机会，让他们参与企业决策和管理，提升他们的职业成就感和归属感。

通过这些措施的实施，不仅可以激励现有技术技能人才发挥更大的潜能，而且可以吸引更多的年轻人和社会人才加入技术技能人才的行列，从而为中国的工业和技术发展注入新的活力，推动"中国制造"向"中国智造"的转变。这种人才政策的优化，将对实现中国质量、中国品牌和最终的国家发展战略起到重要的推动作用。

二、推进"三堂"育人，强化"三岗"练技

习近平总书记指出："要坚持把立德树人作为中心环节"，"实现全程育人、全方

位育人"。而人才培养体系涉及学科体系、教学体系、教材体系、管理体系等，决定了培养高素质技术技能人才要走"三堂"育人、"三岗"练技的路径。

（一）"三堂"培育"三种人才"

所谓"三堂"，指校内课堂、企业课堂和"三对接"讲堂。所谓"三种人才"，指专业人、职业人和社会人。

①校内课堂：基于行动导向教学的校内课堂培育行业企业所需的"专业人"。主要是在校企共建的学习型工厂，通过真实项目实施工学结合现场教学，培养学生的专业综合能力。这种课堂模式通过模拟现实工作环境，让学生在学习理论的同时，获得实际操作的经验，强化他们的问题解决能力和创新思维。

②企业课堂：基于学徒在岗教学的企业课堂培育行业企业所需的"职业人"。无论是在校企共建学习型工厂，还是在合作企业中，都要在企业师傅和学校教师这种"双师"队伍指导下，使学生在实岗培训及锻炼中，通过产品、设备技术标准和职业标准三者之间的融合，深度培养学生的综合职业行动能力。这种融合教学不仅提升了学生的技术技能，还培养了他们的职业责任感和团队协作精神。

③"三对接"讲堂：基于多元融合育人的"三对接"的专思融合讲堂培育具有时代特征的"社会人"。即对接工匠精神形成具有专业特色的思政主题；对接产业人文形成别具一格的文化哲学和创新精神；对接核心岗位能力的培养，提高学生的综合应用素质，使学生成为高素质技术技能人才。这种教育不仅关注技术技能的提升，更注重培养学生的人文关怀、社会责任和道德素养，全面提升学生的人格形态。

这种多维度、全方位的教育模式是当前教育改革的重要方向，通过立德树人的中心环节，全面实现技术技能人才的培养。这种教育模式不仅响应了国家对高素质技术技能人才的需求，也为学生的全面发展提供了坚实基础。通过这样的教育路径，能够确保每个学生都在专业技能、职业素养和社会责任感等多方面得到有效提升，最终成为社会和国家建设的重要力量。

（二）"三岗"练技成为技能人才

"三岗"练技成为技能人才的路径是高职院校特色鲜明的技术人才培养模式，涵盖知岗、跟岗和顶岗三个阶段，旨在使学生成为高素质技术技能人才。这一培养模式通过逐步深入的实训过程，确保学生全面掌握和应用所学技术技能，最终满足企业的高标准要求。

1. 知岗实训

在校企共建的学习型工厂中，学生进行知岗实训。在第一学年，除了平时在校的理论教学外，学生需要在课余时间选修企业提供的教学资源包，以了解企业的生产工艺和技能要求。同时，教师会在课堂教学和参观竞赛训练的现场中，引导学生对岗位进行全方位的认识，帮助他们构建起对专业知识和技能的初步理解，以及对未来职业生涯的期待和规划。

2. 跟岗实训

在第二学年，职业院校和企业共同组织学生进入跟岗培养阶段，学生将按月理实交替的方式进入校外生产基地进行实训。在这一阶段，学生可以直接参与企业的实际工作，通过重复的实操经验，加深对专业技能和工作流程的理解，从而提前适应企业的工作环境。这种接触实际工作环境的经验对学生的职业技能提升至关重要，帮助他们在真实的工作压力和团队协作中成长。

3. 顶岗实习

在第三学年，学生在校企共同组织下以"双重"身份在合作企业进行顶岗实践。在企业师傅和学校教师"双师"团队的指导下，学生不仅要参与企业的实际生产任务，而且要在娴熟操作的基础上，探索对生产工艺的改进和创新。这一阶段的实习是学生技能实践的高阶演练，要求他们不仅应完成生产任务，还应展现创新能力和解决复杂问题的能力，这对于成为企业急需的高素质技术技能人才至关重要。

通过"三堂"和"三岗"的系统培训，学生不仅在技术技能上得到了系统提升，还在职业素养和创新能力上进行了深度培养。这种教育模式确保了学生从学院到职场的顺利过渡，为国家的产业升级和制造强国战略贡献了关键力量。

三、推进体育专业人才培育的现代学徒制发展

（一）现代学徒制的理论基础

现代学徒制的理论基础承载了深刻的教育变革意义，关键在于教育与职业训练的完美融合、实现理论与实践的有机结合，以及将历史悠久的学徒制度与现代教育需求相适应。

1. 教育与职业训练的融合理念

现代学徒制强调教育系统不仅是知识的传递者，更是职业技能的培养者。这种融合理念源于对当代劳动市场需求的精准把握，其中要求教育者不应只提供理论知识，更应提供实际工作中所必需的技能训练。这种教育模式鼓励学生在真实的工作环境中学习，通过实际操作深化理论知识的理解，从而使学生更好地进入职场。这种理念的实施，需要教育机构与行业企业之间建立密切的合作关系，以确保教育内容的实时更新并符合行业标准。

2. 工学结合的教育模式

工学结合的教育模式是现代学徒制的核心组成部分，它强调通过实践活动加深学生对学术理论的理解和应用。在体育专业培养中，这意味着将体育理论与运动实践紧密结合，例如，将体育教育的课堂学习与校园外的体育活动或专业实习相结合。通过参与实际的体育训练、比赛组织及运动管理，学生能够实地应用自己在课堂上学到的技巧和策略，这不仅增强了学习的吸引力，也显著提升了学习效果。

3. 学徒制历史与现代应用

学徒制是一种古老的职业教育模式，源于中世纪的手工艺行业，传统上侧重一对一的师徒关系，通过长期地跟随学习，从而掌握复杂的技能和技艺。在现代应用中，学徒制已被扩展和重新定义，不再局限于传统行业，而是包括高技术和专业服务领域，如工程、信息技术和体育。现代学徒制不仅仅是技能传授，更强调理论知识与职业技能的结合，以及职业素养的培养，使学生更好地应对快速变化的职业要求。

通过这三个理论基础的支撑，现代学徒制为体育专业人才培养提供了一种全新的视角和方法。它使学生在获得必要理论支撑的同时，通过实践活动深化理解并提升实际操作能力，更全面地为他们未来的职业生涯做准备。

（二）现代学徒制的关键组成要素

现代学徒制在体育专业人才培养中的成功依赖几个关键的组成要素，包括合作教育模型、双师型教师队伍以及学生的学习路径和职业生涯规划。

1. 合作教育模型（校企合作）

合作教育模型（校企合作）是现代职业教育中一种非常有效的教育方式，尤其在体育专业的人才培养中显得尤为重要。通过学校与企业之间的紧密合作，该模式确保教育内容和培训过程更贴合行业的实际需求，极大增强了教育的应用性和实效性。

（1）理论学习与实践操作的结合

在体育专业教育中，理论学习与实践操作的有效结合是提高教育质量的关键。理论学习为学生提供了必要的知识框架，包括体育科学、运动医学、运动心理学等基础和专业知识，为学生深入理解体育活动中的科学原理打下了基础。例如，学生可以通过理论学习了解肌肉的生理功能和运动期间的能量代谢过程，这些知识对于实际的运动训练和指导有着直接的应用价值。

通过与企业合作，学生的实践操作不仅限于模拟环境中的学习，更能直接参与真实的体育项目和活动。这包括运动队的日常管理、健身教练的实际指导工作，以及大型体育事件的组织与执行。例如，学生可能会参与职业足球队的训练，直接应用其在课堂上学到的运动训练理论，处理真实的运动员康复和训练计划调整，这种经验是极其宝贵的。

（2）企业参与课程设计与教学

企业在课程设计和教学过程中的直接参与，使教学内容及时更新，以适应快速变化的体育行业标准和技术发展。企业不仅提供实际操作的平台，更通过提供讲师、最新的设备和技术，直接影响教育质量和深度。企业专家的参与，尤其在专业技能和最新行业动态的传授上，为学生提供了宝贵的一手信息和实践经验。

此外，企业在课程内容的制定上提供咨询和建议，确保所教授的技能和知识符合市场需求，符合未来雇主的期望。这种从业界反馈到教育实践的直接链路，加强了课程的行业相关性，使学生在完成学业后更快地适应职场，提高了就业竞争力。

通过合作教育模型，体育专业的学生得以在真实世界中学习和应用自己的知识，为未来的职业生涯做好充分的准备。这不仅提高了教育的实用性和效果，也为体育行业培养了一批具备高素质和高技能的专业人才。

2. 双师型教师队伍

双师型教师队伍是现代教育中一种创新的教学模型，特别适用于职业和技术教育领域，如体育专业。这种模型要求教师不仅具备理论和学术背景，还拥有丰富的行业实践经验，使教学内容更加贴近实际，能够有效连接理论与实际应用。

（1）行业与学术背景的双重要求

双师型教师队伍的核心在于教师能将理论知识与实际操作相结合，提供一种全面的教育经验。在体育教育领域，这种教师需要具备体育科学、运动训练方法论以及相关生理、心理知识的深厚学术背景。同时，他们需要具备如教练、运动员或体育组织管理者等实际工作经验。这样的双重背景能使教师准确理解行业需求，并结合最新的科研成果和行业发展，设计出符合当代体育行业标准的课程。

教师的这种背景不仅能提高教学内容的相关性和实用性，还能使教师有效地指导学生如何在职业生涯中应用他们的知识和技能。此外，这样的教师能为学生提供职业规划的建议，帮助他们了解行业趋势，预见职业发展的机会与挑战。

（2）教师实践经验的重要性

在学徒制教育模式下，教师的实践经验尤为重要，因为这种经验为学生提供了一个实际了解和学习职业技能的平台。具备实践经验的教师能通过个人经历、实际案例分析以及现场演示等方式，传授技能，解决学生在理论学习中无法触及的实际问题。

这些教师通常能分享许多关于如何在高压情境下做出快速决策、如何处理与队员或其他教练的关系以及如何在比赛中实施战略的实用技巧。他们的教学不仅限于传授技能，更涵盖职业行为的典范、职业道德、团队合作等，这些都是体育行业中不可或缺的素质。

通过构建这样的双师型教师队伍，教育机构能为体育专业的学生提供一个更加丰富和实用的学习环境，有效地将课堂学习与职场实践相结合，培养出能迅速适应现代体育行业需求的高素质专业人才。这种教育模式不仅提高了教育质量，还增强了学生的就业能力和职业竞争力。

3. 学习路径与职业生涯规划

在现代学徒制中，为学生设计明确的学习路径和职业生涯规划是极为关键的。这不仅能帮助学生系统掌握必要的技能，而且能为他们的未来职业发展打下坚实的基础。一个精心设计的学习路径能够确保教育的针对性和有效性，适应学生的个人需求和职业目标。

（1）个性化学习计划

个性化学习计划是应对学生多样化需求的有效策略。学生的背景、兴趣和职业目标各不相同，一种统一的教育模式往往难以满足所有学生的发展需求。因此，教育机构应通过详细的学生评估，包括技能测试、兴趣调查以及职业倾向分析等，制订个性化的学习计划。例如，对于那些对体育管理特别感兴趣的学生，可以设计更多关于体育营销、事件组织的课程和实践机会；而对于那些更倾向于成为职业教练的学生，则可以提供更多的技术训练和战术分析的课程。

（2）渐进式职业技能提升

学习路径的设计应该是渐进的，以确保学生在稳固掌握基础技能的基础上，逐步过渡到掌握更复杂的职业技能和管理技能。这种渐进式的学习路径不仅能帮助学生逐步建立自信，还能使他们更好地适应未来职业生涯中可能面临的各种挑战。例如，初级阶段可能更注重基础体育技能的培养和基本理论的学习，中级阶段逐渐引入专业技能的深化和实际应用，高级阶段则涵盖领导力培训、团队管理等更高级的职业技能。

此外，这种渐进式的路径还应包括定期评估和反馈环节，确保学生在每个阶段都能获得必要的支持和指导，及时调整学习计划以适应学生的发展变化。通过实时跟踪学生的学习进度和技能掌握情况，教育机构可以及时提供额外的辅导或调整课程内容，确保每个学生都在其职业生涯路径上不断前进。

总之，通过这样的学习路径和职业生涯规划，现代学徒制能够为体育专业的学生提供一个全面、有针对性且富有成效的教育环境，为他们将来在体育行业的成功奠定坚实的基础。

（三）现代学徒制在体育专业的具体实施策略

在体育专业教育中，采用现代学徒制不仅可以增强学生的实际操作能力，还可以深化他们对体育理论的理解。

1. 体育专业学徒制培养模式的构建

（1）校内训练与校外实践的配合

为了有效实施学徒制，必须确保校内训练与校外实践之间的无缝对接。校内训练应专注于理论知识的传授和基本技能的培养，如体育规则学习、基础体能训练以及初步的战术分析等。校外实践则应侧重在真实的体育环境中应用这些知识和技能，例如，通过与体育俱乐部、健身中心或运动学校的合作，安排学生参与具体的运动教练、比赛组织、团队管理等活动。这种模式不仅能帮助学生将课堂上学到的理论知识应用于实践，还能极大提升他们的职业技能和就业竞争力。

（2）竞技体育与健身教练教育的区别对待

竞技体育与健身教练教育在技能和知识需求上有显著的差异，因此，学徒制的培养模式也应有所不同。竞技体育通常要求更高水平的技术技能和战术理解，教育重点应放在提升学生的专业技能和竞赛表现上。而健身教练则更多地侧重人际交往技能、健康知识和客户服务等方面。因此，为健身教练设计的学徒制计划可能包括更多关于营养学、客户沟通和个人健康规划的课程。

2. 国外体育学徒制成功模式

分析国外在体育学徒制方面的成功案例不仅能提供宝贵的经验和启示，还能为设计更有效的教育模式提供实际的参考。特别是观察那些已经实施并取得显著成效的教育系统，可以帮助我们理解学徒制如何在体育领域发挥最大效益。

例如，德国的双元制教育系统是体育学徒制应用的典型案例之一。在这种系统中，学徒不仅在职业学校接受系统的理论教育，同时在合作的体育俱乐部或相关企业进行实际的工作训练。这种模式的一个核心特点是它的工学结合，使学生在实际环境中应用他们的理论知识。例如，在德国，体育学徒可能会在职业足球俱乐部的青训系统中担任助理教练，负责策划训练日程、协助技术训练，以及学习团队管理。这不仅能使他们获得关于体育训练的深入知识，还能学习如何管理和激励运动员。

此外，美国的体育奖学金制度提供了另一种形式的学徒制体验。在这一制度下，学生通过展示体育才能获得大学的奖学金，这允许他们在大学体育队中接受高水平的训练并参加比赛。例如，美国的大学篮球和橄榄球运动员往往通过全国性的比赛获得巨大曝光，这不仅提高了他们的技术水平，也为他们进入职业体育界奠定了基础。这种制度的成功在于为学生提供了结合教育和高级体育训练的机会，同时通过体育竞赛展示了他们的技能，提高了职业体育生涯的可能性。

这些案例表明，不同国家根据其文化和教育系统的特点，设计了符合本国实际情况的学徒制模式。德国模式强调实践和职业技能的培养，而美国模式则利用体育奖学金促进了学术与体育才能的双重发展。通过这些成功的国际经验，可以为改进本国的体育教育系统提供有利的启示和参考，尤其是在如何有效结合理论教育与实践经验方面。

（四）政策支持与制度创新

1. 政策环境的优化

（1）政府支持与激励措施

政府在优化政策环境中发挥了关键作用，通过一系列支持与激励措施，推动了行业的发展。首先，政府制定了专项补贴政策，对符合条件的企业进行资金支持，帮助其度过初创期和扩展期的资金难关；其次，政府通过税收优惠政策，降低企业运营成本，激励企业进行技术创新和市场拓展；最后，政府积极推动科研基金的设立，支持高校和研究机构开展与行业相关的前沿研究，为企业提供技术支持和智力资源。

（2）行业标准与认证体系

在政策环境的优化过程中，政府还大力推动行业标准的制定和认证体系的完善。通过制定统一的行业标准，规范市场行为，提升产品和服务的质量和安全性。认证体系的建立，则为企业提供了公正、权威的评价标准，增强了消费者对产品和服务的信任。同时，政府鼓励行业协会和第三方机构参与标准制定和认证工作，形成多元化的标准制定和监督机制，以进一步提升行业整体水平。

2. 制度创新与持续改进

（1）质量保障体系

在制度创新方面，建立和完善质量保障体系是关键之一。企业需要从生产流程、技术研发、产品检测等多个环节入手，建立全方位的质量管理体系。通过引入先进的质量管理工具和方法，如六西格玛、ISO9001 等，企业能够有效监控和提升产品质量。同时，政府和行业协会积极推动企业参与质量评比和认证，通过树立行业标杆，带动整体质量水平的提升。

（2）反馈与评价机制

持续改进的核心在于有效的反馈与评价机制。企业需要建立多渠道的客户反馈系统，及时收集和分析客户意见和建议，并作为改进产品和服务的重要依据。内部的员工反馈机制同样不可忽视，通过定期的员工满意度调查和内部意见征集，企业可以发现内部管理和流程中的不足之处。政府和行业协会也可以建立行业评价平台，定期发布行业发展报告和企业评价结果，促进企业间的良性竞争和共同进步。

综上所述，政策支持与制度创新是推动行业持续健康发展的重要动力。通过优化政策环境和不断创新制度，能够有效提升行业整体水平，促进经济社会的高质量发展。

第三节　高职院校体育类专业高素质技术技能人才培养的改革思路

体育教育在促进学生全面发展方面的角色也被赋予了更高的期待。学校体育不仅要提高学生的身体素质，还要培养他们的团队合作精神、领导能力和社会交往能力。因此，体育教育需要克服资源配置不足、教学方法落后以及教育评估体系不完善等问题，以更好地满足现代社会的需求。

一、教育理念的更新

在现代高校体育教育中，教育理念的更新已成为推动教学改革的关键因素。这一部分将讨论从单一的技能传授向全面能力培养的转变，并强调培养学生的批判性思维和创新能力的重要性。

（一）从技能传授向全面能力培养的转变

传统的体育教学往往集中在技能的直接传授上，例如，学习篮球投篮、足球踢球等具体技能。这种教学方式注重学生对特定运动技术的掌握，目标是通过反复地练习和指导，使学生在体育比赛中表现出色。然而，这种方法忽略了学生全面素质的发展和多方面能力的培养。

现代体育教育理念认为，体育教学不仅仅是技能的训练，更是全面能力培养的过程。这种转变意味着体育课程需要融入更多的元素，如团队合作、领导力、战略规划等，使学生在掌握运动技能的同时，在解决问题、团队互动和战略思考中得到锻炼。例如，在篮球课中，不仅可以教学生如何投篮，还可以通过小组比赛和战术讨论，培养学生的团队协作能力和领导才能。在足球训练中，除了基本的传球和射门技术，教师还可以设置模拟比赛环境，指导学生如何进行战术安排和临场应变，从而提升他们的战略思维能力。

此外，体育教育还应与学生的身心发展相结合，注重培养学生的身体健康、心理调适能力和社交技巧。现代教育强调，健康的体魄是学生全面发展的基础，而心理健康和良好的社交能力则是学生未来适应社会的重要素质。例如，通过团队体育活动，不仅提升学生的体育技能，也可以加强他们的社交互动和心理韧性。在集体项目中，学生需要学会与他人合作，理解和尊重队友的意见，从而培养沟通能力和团队精神。同时，面对比赛中的失利或挫折，学生可以通过体育活动学会调节情绪，增强心理承受力和抗压能力。

具体而言，体育教师可以通过多样化的课程设计和教学方法，促进学生的全面发展。例如，在排球训练中，教师可以通过设置不同难度的练习，培养学生的挑战精神和创新思维；在田径项目中，教师可以结合学生的兴趣和特点，制订个性化的训练计划，帮助学生树立自信心和目标感。此外，体育课程还可以引入跨学科的内容，如健康知识、营养学等，帮助学生形成科学的健康观念和生活方式。

综上所述，现代体育教育不仅关注运动技能的传授，更重视学生综合素质的培养和全面发展。通过融入团队合作、领导力、战略规划等多方面的教育元素，体育教学能够为学生提供更加丰富和有意义的学习体验，有助于他们在未来的学习、工作和生活中更好地发挥潜能，迎接挑战。

（二）强调培养学生的批判性思维和创新能力

在体育教育中培养学生的批判性思维和创新能力，是教育理念更新的另一个重要方向。批判性思维的培养不仅可以使学生在体育活动中遵守规则，还可以使他们对体育活动的策略和方法进行深入的分析和评价。比如，在篮球比赛中，学生不仅要掌握投篮和防守的基本技巧，还要学会分析对手的战术，评估不同比赛策略的优劣，提出改进意见，并在实际比赛中验证和调整这些策略。这种分析和评价的过程，不仅提升了学生的战术素养，还培养了他们独立思考和解决问题的能力。

创新能力的培养则通过鼓励学生在传统的体育项目中尝试新的方法或技巧实现。教师可以设计一些开放性的体育活动，为学生提供创意空间。例如，在排球训练中，可以设置创新性的训练环节，让学生自由设计新的游戏规则或发明新的训练器材。通过这种方式，学生不仅能提高运动技能，还能提升创造力和团队协作能力。这样的训练不仅让体育课变得更加有趣和富有挑战性，也让学生在思考和行动中不断探索和创新。

具体来说，教师可以在体育教学中引入项目式学习和探究式学习的方法。例如，可以组织学生进行一个关于"改进运动项目"的小组项目，让他们调查研究某一传统体育项目，发现其中的不足，并提出创新的改进方案。学生可以通过设计新的训练方法、开发新的比赛规则，甚至设计新的运动器材解决这些问题。在这个过程中，学生不仅需要运用批判性思维分析现状和问题，还需要发挥创新能力提出和实施解决方案。

通过这种教育理念的更新，体育教学不再局限于简单的技能训练，而是成了一个多维度的教育过程，旨在培养学生的综合能力、批判性思维和创新精神。这种教育模式的转变，不仅有助于学生在学术和职业生涯中取得成功，也能使他们更好地适应社会的多元需求。在现代社会，批判性思维和创新能力已成为重要的素质，能够帮助学生在面对复杂问题和不确定环境时，做出明智的决策和提出创造性的解决方案。

综上所述，现代体育教育通过强调批判性思维和创新能力的培养，使体育课不仅仅是身体素质的锻炼场所，更是学生思维和能力发展的重要平台。这种转变提升了体育教育的价值，使其在学生的全面发展中发挥了更积极和深远的作用。通过这种教育模式，学生能够更好地应对未来挑战，成为具备全面素质和竞争力的社会成员。

二、依据改革探索，推进课程多样化

在高校体育教学模式中，课程内容与结构的改革是提升教育质量和适应社会变化的重要步骤。通过多样化的课程内容和不断更新的教学大纲，可以确保体育教育不仅能满足学生的多元需求，还能与时俱进。

（一）探索课程内容的多样化，包括跨学科课程的开发

现代教育强调综合能力的培养，体育教学亦应遵循这一原则，通过引入跨学科课程，拓宽学生的知识视野和技能应用。例如，可以开发结合体育与心理学的课程，探讨运动对心理健康的影响。这类课程可以包括如何通过运动减轻压力、改善情绪以及增强自我认知和自信心。这种结合能够帮助学生理解运动与心理状态之间的相互作用，进而更好地利用体育活动提升个人的心理福祉。

进一步地，结合体育与营养学的课程则教授学生如何通过饮食优化运动表现。这类课程可以详细讲解营养素的作用、食物选择的科学方法以及餐前和餐后的最佳饮食策略，从而使学生为各种体育活动准备适当的营养支持。通过这类课程，学生不仅能学习关于体能提升的知识，还能了解如何通过合理的饮食习惯维持长期的健康和体能。

此外，还可以开设体育与科技相结合的课程，如使用可穿戴设备监测运动表现和健康指标。这类课程可以包括智能手表、健身追踪器以及其他传感器技术的使用方法，教授学生如何通过科技工具收集和分析数据，以优化训练效果和运动安全。此外，这类课程还可以涵盖数据隐私和信息安全的基本知识，使学生在使用这些先进技术时意识到数据保护的重要性。

通过这些跨学科课程的开发，体育教育不再局限于传统的运动技能训练，而是变得更加全面和多元。通过学习这些课程，学生不仅能增强专业技能，还能培养创新思维和问题解决能力。这种教育模式的转变，有助于学生在学术和职业生涯中取得更大的成功，同时为他们提供更多理解和参与现代社会多样化需求的机会。通过这种方式，体育教育能够更好地配合现代教育的目标，培养出能够面对未来挑战的全面发展的学生。

（二）更新教学大纲，融入最新体育科技和理论

随着科技的迅速发展，体育科技和理论也在不断进步。因此，高校体育课程的教学大纲应及时反映这些变化，将最新的科技应用和理论研究成果融入课程。例如，教学大纲可以包括运动生物力学的最新研究，教授学生如何通过科学方法提高运动效率和减少伤害。这包括利用高级运动分析软件和动态运动捕捉系统研究运动员的运动模式，从而优化训练程序和预防运动相关伤害。

同时，教学大纲可以引入关于运动心理学的最新发现，帮助学生了解如何通过心理技巧提升运动表现和团队合作。这类课程内容可能涉及心理准备技巧、焦虑管理、集中注意力的训练以及建立团队凝聚力的策略。通过这些心理训练的技巧，学生可以在竞争激烈的环境中保持精神的韧性和清晰的思维。

除此之外，更新的教学大纲还应包括关于体育数据分析的课程，教授学生如何使用现代数据分析工具评估运动表现和健康指标。这类课程可以涵盖统计学基础、数据可视化技术以及使用特定软件（如 R 语言或 Python）进行数据处理和分析的技能。通过这样的训练，学生可以学习如何在体育领域应用量化分析，提高决策的科学性和有效性。

通过这些内容的更新，不仅可以提高课程的科学性和前瞻性，还可以增强学生的学习兴趣和职业竞争力。例如，将虚拟现实和增强现实技术应用于体育教学，可以创造沉浸式的训练环境，使学生在虚拟环境中模拟实际比赛场景，从而提供更加实际和直观的学习体验。这不仅提高了学习效率，还增加了课程的趣味性和互动性。

总之，将最新的科技和理论融入体育教学不仅有助于提升教育质量和效果，也能为学生提供更广阔的视野和更多元的职业路径。这种教育模式有助于培养出更全面、更具创新精神和实践能力的体育人才，更好地适应未来社会和职场的需求。

三、教学方法与技术的革新

（一）推广项目式学习

项目式学习是一种以学生为中心的教学方法，强调通过实际项目的完成培养学生的综合能力。这种教学方式特别适合高职体育专业，因为它可以让学生直接参与模拟真实体育行业场景的具体项目，从而获得实战经验。

在高职体育专业教学中，项目式学习可以具体表现为让学生参与体育赛事的策划、组织与执行。例如，学生可以在教师的指导下，团队协作策划并执行一场校园篮球联赛。在这个过程中，学生不仅要负责赛程的安排，还要处理营销推广、赞助商的寻找、队伍的组织和赛后评估等多方面的工作。

通过这样的项目，学生可以学习如何设计赛事宣传单页，如何通过社交媒体和校园广播进行赛事的推广。同时，他们将学习如何与商家沟通，以获得赞助或合作，这包括制定赞助提案和进行商务谈判。此外，赛事的实际执行还涉及场地布置、安全保障措施的制定以及赛事当天的现场管理。

这种项目式学习方法能显著提升学生的专业技能，如体育赛事管理、市场营销和公关能力。更重要的是，它能增强学生的项目管理技能，让他们学会如何设定时间表、管理预算和协调各方资源。团队合作的培养也是项目式学习的一个关键点，学生需要学会如何在团队中有效沟通、解决冲突，并共同努力达成目标。

通过参与这些实际的项目，学生能够在解决实际问题的过程中锻炼和提升自己的能力，这不仅有助于他们理解体育行业的运作模式，还能提高他们的职业素养和就业竞争力。项目式学习通过提供实际操作的机会，使学生将理论知识与实践经验相结合，为他们将来的职业生涯奠定坚实的基础。

（二）推广案例教学

案例教学法是一种实用的教育手段，特别适用于高职体育专业教学，因为它能通过分析真实的体育行业案例使学生学习理论知识与专业技能。这种方法不仅能帮助学生理解抽象概念，还能锻炼他们的实际应用能力。

例如，教师可以选择奥运会、世界杯等大型体育赛事的组织案例，作为教学材料。这些案例通常涉及复杂的问题解决场景，如赛事安全管理、观众服务、危机应对等。通过这些案例的学习，学生可以了解赛事的策划和执行中可能遇到的具体挑战，并探讨解决方案。

在高职体育专业教学中，教师可以引导学生探讨近期体育赛事中的安全管理实例，比如，在2022年北京冬奥会期间如何协调各国运动员与观众的安全措施，或是在2022年卡塔尔世界杯期间面对突发安全事故的应对策略。学生可以细致分析这些案例中的具体安全措施，评估其实施效果，并提出改进建议。这种方法不仅让学生掌握了赛事安全管理的理论知识，还通过鲜活的案例见证了这些知识的实际应用。

同时，观众服务作为大型体育赛事不可或缺的一环，也应成为教学的重点。教师可以借助案例教学方法，展示如何在大型赛事中有效管理观众流动，提供卓越的观赛体验，并妥善处理观众的各种需求和突发状况。例如，通过分析 2020 年东京奥运会观众服务的创新与挑战，探讨其成功之处与待改进之处，并进一步思考如何在未来的赛事中实施更加完善的观众服务策略。

危机应对能力的培养同样重要。教师可以引入最新的危机管理案例，如 2022 年北京冬奥会期间应对极端天气条件的策略，让学生深入了解紧急情况下的快速响应与资源调配机制。通过角色扮演或模拟演练，学生能够亲身体验决策过程，从而提升在高压环境下的应急处理能力。

通过对这些紧贴时事的案例进行深入剖析，学生不仅能更深刻地理解体育行业的运作模式，还能有效锻炼批判性思维和应急处理能力。案例教学法鼓励学生在模拟的真实情境中思考和运用所学知识，这极大提高了他们解决问题的能力，并为日后的职业生涯奠定了坚实基础。这种强调理论与实践相结合的教学模式，对于培养高职体育专业学生的专业素养和实际操作能力具有不可估量的价值。

（三）推进翻转课堂

翻转课堂是一种创新的教学模式，通过改变传统教育中课堂学习和家庭作业的常规顺序，为学生和教师提供了更加灵活和互动的学习环境。在高职体育专业教学中，这种模式尤为有效，因为它允许理论与实践更紧密地结合。

具体来说，教师可以将体育理论的讲解通过视频或在线教材的形式提前提供给学生，使学生在课外自主学习。这些材料可以包括讲座视频、阅读资料、互动测验等，旨在帮助学生在没有教师面对面指导的情况下也能有效地掌握知识。

课堂时间则专注于活动的深入讨论、实践操作和问题解决。例如，教师可以利用课堂时间引导学生分析体育比赛的录像，讨论比赛中的战术运用、运动员表现和裁判决策。通过这种方式，学生可以将自学的理论知识应用于具体的体育情境中，提高理解和批判性思考的能力。

此外，课堂上的模拟教学环节允许学生在模拟的教学场景中扮演教练或运动员的角色，这样的实践操作有助于加深他们对体育教学方法和技巧的理解。教师可以提供即时的反馈和指导，帮助学生纠正错误，优化教学和表演技巧。

这种翻转课堂模式的优势在于，使学生在教师的直接指导下更深入地探讨问题和应用所学知识，从而更有效地促进学习和理解。通过预习材料获得的知识基础使学生能在课堂上进行更高阶的思考和讨论，这不仅提高了学生的学习效率，也增强了学生的自主学习能力和批判性思维。

总之，翻转课堂在高职体育专业教学中的应用为传统的体育教育模式带来了革命性的改变。它不仅提升了教学质量，也使学生更好地适应快速变化的教育需求和未来的职业挑战，为他们的全面发展和职业成功打下坚实的基础。通过这些教学模式的推广，高职体育专业的教学将更加注重实践与互动，更好地适应体育行业的发展需求，同时能有效提升学生的职业技能和就业竞争力。这种教学模式的转变，不仅提升了教学的质量，还为学生未来的职业生涯提供了坚实基础。

这些创新的教学方法与技术的结合，能够极大提升教学质量，提高学生的参与度，并更好地为他们面对未来体育行业的挑战做准备。通过持续探索和应用这些方法，体育教育可以更有效地满足学生和行业的需求。

四、实践教学与实习机会的扩展

在高校体育教学模式中，实践教学与实习机会的有效整合对于学生的职业发展至关重要。以下将探讨如何构建校内外的实训基地，提供真实场景的学习环境，以及如何加强与体育行业的联系，拓宽实习机会与学生参与行业项目的渠道。

（一）构建校内外的实训基地，提供真实场景的学习环境

高校体育教育在培养专业人才方面扮演至关重要的角色，因此，学校应积极构建校内实训基地，配备设施完备的体育馆、运动场和健身房，使学生在接近职业标准的环境中进行学习和训练。这些设施的完善不仅能提供必要的物理空间和设备支持，还能激发学生的学习兴趣和训练热情。

在设施配置方面，除了传统的体育设备如篮球、足球、羽毛球等运动器材外，还应引入高科技设备，如运动表现分析系统和虚拟现实训练设施。运动表现分析系统可以通过高速摄像机和传感器技术收集数据，帮助学生和教练员分析技术动作和提升训练效果，而虚拟现实技术则可以模拟各种运动环境和竞赛场景，增强学生的战略理解能力和应对复杂情境的能力。例如，通过虚拟现实头盔和相应的软件，学生可以体验国际级赛事的氛围，提前适应高压的比赛环境。

除了校内实训基地的建设，高校还应与外部体育组织和设施进行合作，建立校外

实训基地。这种合作可以是与专业体育队、体育俱乐部及体育治疗中心等的合作。例如，学校可以与当地的职业足球队合作，让体育教育专业的学生在球队的训练基地进行实习，学习职业运动员的训练方法和团队管理。同时，与体育治疗中心的合作则可以让学生接触运动康复和伤病预防的专业知识，提升他们的专业技能。

通过在这些真实的工作环境中学习，学生不仅可以更好地理解理论知识的实际应用，还可以获得宝贵的实战经验。这种实战经验是理论教学难以替代的，能够极大增强学生的职业能力和就业竞争力。例如，学生在实习中面对的现实问题和挑战会促使他们学会如何快速适应环境、解决问题，并在实际操作中不断完善理论知识与实践技能的结合。

总的来说，通过校内外的实训基地，高校体育教育不仅能为学生提供全面的技术训练和实际操作平台，还能帮助他们建立实践与理论相结合的深厚基础，为未来的体育事业或相关领域的职业生涯做好准备。这种教育模式的推广对提升体育专业教育的质量和效果具有重要意义。

（二）加强与行业的联系，拓宽实习机会与学生参与行业项目的渠道

为了使体育学生顺利过渡到职业环境，高校需要加强与体育行业的联系。这一目标可以通过与体育企业、组织和专业体育团队建立合作关系实现。这种合作不仅有助于学校定期更新教育内容，确保课程与行业需求保持同步，而且能为学生提供宝贵的实习和就业机会，从而直接影响学生的职业发展和就业成功。

通过这种合作，学生可以直接接触行业内的最新技术和管理方法，例如，他们可以通过实习项目学习如何运用最新的运动科技产品，或者参与体育营销活动的策划与执行。这样的经历不仅能增强学生的实际操作能力，也有助于他们理解复杂项目的流程和挑战，为他们将来独立处理类似任务打下坚实基础。

此外，高校应鼓励并支持学生参与行业项目，如大型体育赛事的组织与管理、体育营销项目或体育科技创新竞赛。例如，学生可以参与国际马拉松赛事的组织，并从中学习如何进行赛事推广、选手服务、安全保障等工作。参与这些实际项目不仅能提升学生的专业技能，还有助于他们在实际工作中应用在课堂上学到的理论知识，实现知识的实践转化。

参与行业项目还能帮助学生建立行业联系，扩展职业网络。例如，在体育赛事中担任志愿者或实习生，学生可以与行业内的其他专业人士和公司建立联系，这些联系

在未来寻找工作时可能会非常宝贵。此外，通过与行业专家进行互动，学生可以获得关于职业发展的直接建议和指导，从而更好地定位自己的职业路径。

总之，通过加强与体育行业的紧密联系和参与行业项目，高校不仅可以提升教育质量，确保教学内容的时效性和实用性，还可以极大增强学生的就业竞争力。这种实践与理论相结合的教育模式，为学生提供了一个更广阔的职业发展平台，帮助他们在未来体育行业中找到合适的定位，成功实现职业过渡。

通过实践教学与实习机会的扩展，高校体育教学不仅能提供理论和技能培训，还能为学生提供真实世界的工作经验和职业发展路径，从而培养出更多具备实战能力和创新思维的体育专业人才。

五、校企合作的深化

在高校体育教学模式中，校企合作是一种重要的教育创新方式，能够极大增强教学实践性和专业对接性。深化校企合作主要可以通过共建课程、共设实训基地以及利用企业资源进行师资培训和学生技能认证等方式实现。

（一）探索与企业共建课程、共设实训基地的模式

共建课程是校企合作中的一个重要方面，通过让企业参与课程设计，可以确保教学内容与行业需求紧密对接。例如，高校可以与体育器材制造商合作，开设体育器材设计与应用课程。这种合作不仅能让学生直接学习到关于最新体育科技产品的知识，而且能让他们亲自参与到产品的设计和测试过程。这样的实践机会能极大提升学生的技术能力和创新思维，为他们将来在体育器材设计领域的职业生涯奠定坚实的基础。

此外，共设实训基地也是校企合作的一种有效模式。例如，高校与企业可以共同建设实训基地，如运动训练中心或体育营销公司。这些基地不仅提供了一个实际操作的平台，也使学生在学习期间就接触真实的职场环境，这对于增强其职业技能至关重要。在运动训练中心，学生可以学习如何使用专业设备进行运动员的体能训练、康复治疗以及性能评估。而在体育营销公司的实训基地，学生则有机会参与市场调研、营销策划、活动组织等实际工作，这些经验将直接提升他们的市场分析和商务沟通能力。

通过校企合作模式，学生不仅能获得理论知识的系统学习，还能通过实际操作获得宝贵的实践经验。这种教学模式的实施，为学生提供了一个从课堂到职场的平滑过渡，显著提高了教育的应用性和实效性。此外，企业也能通过这种合作关系，影响课

程内容的设置，确保毕业生的技能与市场需求相匹配，从而为企业培养出适应时代发展需求的高素质员工。

　　总之，通过共建课程和实训基地，高校与企业的合作能够极大促进教育内容与行业标准的一致性，同时为学生提供实际应用知识和技能的机会，这不仅增强了学生的职业竞争力，也为体育行业的持续发展培养了一批具备高水平专业技能的人才。

（二）利用企业资源进行师资培训和学生技能认证

　　企业资源的利用是校企合作的另一个关键方面。这种合作可以为高校带来最新的行业资讯、技术支持及培训资源，极大地帮助高校教师更新教学方法和专业知识。例如，高校可以邀请企业的专家来校进行专题讲座，这不仅可以为学生提供接触行业前沿的机会，还可以帮助教师及学生了解当前市场的需求和未来发展趋势。此外，安排教师到企业进行短期的实践学习，可以让教师直接观察和学习企业中实际工作的流程和先进技术，从而将这些经验和知识融入他们的教学实践，显著提升教师的实战教学能力。

　　同时，利用企业的认证系统对学生的专业技能进行认证，是校企合作的一部分。这种认证通常由具有行业权威的企业提供，旨在评估和确认学生的专业技能是否达到了行业标准。这种认证不仅能增加学生的就业竞争力，还能确保教育质量与行业标准的一致性。例如，一个学生获得了由知名体育器材公司提供的体育设备操作证书，这不仅证明了其操作技能的专业性，也极大增强了其在体育行业就业市场中的吸引力。

　　通过这样的认证系统，学生在完成学业时不仅能获得学位证书，还能拥有行业认可的职业资格证书。这种双证机制为学生的职业生涯提供了双重保障，使他们在毕业后更快地适应职场，提高了就业率。此外，这也促使高校教育与企业需求保持同步，确保了教育内容的实时更新和专业技能的市场相关性。

　　总之，通过充分利用企业资源，在教师教学方法和学生专业技能认证方面进行投入，校企合作不仅能提升教育和培训质量，也能为学生的职业发展打下坚实的基础，还能帮助高校紧跟行业发展步伐，培养出更多符合市场需求的高质量人才。

六、学生评估与职业发展指导的优化

（一）更新学生评估方法，引入持续评估和全方位评价系统

　　在高校体育教学模式中，传统的评估方法往往侧重技能的直接表现和理论知识的

考核。然而，为了全面评价学生的学习成果并支持其持续的职业发展，需要引入更动态和全面的评估系统。

①持续评估：这种评估形式强调在整个学习周期对学生的进步进行监测，而不是仅在课程结束时进行单次评估。通过使用数字化工具和平台，教师可以实时跟踪学生的技能发展，包括他们的参与度、技术精进、战略理解等方面。例如，教师可以利用专门的软件记录学生在训练中的表现数据，如速度、力量和准确性等，并通过数据分析提供定期反馈。这种方法不仅能帮助教师了解学生在体育技能上的增长轨迹，还能监测学习过程中的任何困难和挑战，及时调整教学策略以适应学生的需求。

②全方位评价：除了传统的体育技能和知识测试外，全方位评价还包括评估学生的软技能，如团队合作、领导力、决策能力等。这可以通过同伴评价、自我评价以及基于项目的评估实现，确保学生在多个维度得到成长和提升。例如，在团队项目中，不仅要评估学生的体育表现，还要评估他们如何在团队中沟通、解决冲突和领导团队。这种评估方法鼓励学生发展全面的能力，包括社交技能和情感智力，这些都是职业成功的重要因素。

通过这些改进的评估方法，教育者能够更精准地了解每位学生的具体需求和优势，进而提供更有针对性的支持和指导。这样的评估系统不仅增强了教学的适应性，也更符合现代教育对学生个性化和综合能力培养的要求。此外，它也为学生提供了一个更加公正和透明的评估环境，让学生清楚地看到自己的进步与成长，提高学习的动力和信心，从而更好地为未来职业生涯做准备。

（二）加强职业规划服务，提供个性化职业发展指导

体育专业学生的职业路径多样，从教练、运动员到体育管理和媒体等领域均有广泛的职业选择。为了帮助学生有效规划未来的职业生涯，高校需要提供更加强化和个性化的职业规划服务。

1. 职业发展研讨会和咨询

高校应定期举办职业规划研讨会，邀请体育行业的专家、校友及现役职业运动员分享他们的经验和见解。这些研讨会不仅可以提供行业洞察，也可以给学生带来具体的职业导向和灵感。此外，高校可以提供一对一的职业咨询服务，帮助学生根据个人的兴趣、技能和职业志向制订详尽的职业发展计划。通过这种方式，学生可以获得专业的指导，帮助他们明确职业目标，制定实现这些目标的具体步骤。

2. 实习与就业机会

通过与体育行业的企业和组织建立紧密的合作关系，高校能为学生提供宝贵的实习和就业机会。这些实习经历不仅有助于学生将课堂上学到的理论知识和技能应用于实际工作中，还有助于他们在行业内建立职业网络，加深对体育行业工作环境和需求的了解。实习还可以丰富学生的简历内容，提高他们毕业后的就业竞争力。

3. 个性化发展路径规划

利用职业测评工具和职业指导，高校应帮助学生识他们的强项和兴趣，并探索适合他们的职业发展路径。教师和职业顾问应密切关注学生的学术表现、实践能力和个人偏好，并基于这些信息提供定制化的建议和资源。这种个性化的路径规划可以帮助学生发现最适合他们的职业方向，无论是竞技体育、体育教育、体育管理还是体育媒体领域。

通过综合性的职业规划服务，高校不仅能帮助体育专业的学生更好地理解职业市场的需求，还能为他们的职业启动和发展提供坚实的基础。这样的职业规划和支持系统对于学生来说是一个重要的资源，能够显著提升他们的职业准备水平和职业发展的成功率。

第七章 现代信息技术在体育类专业人才培养上的应用

第一节 在线教育与体育教学

随着互联网技术的迅速发展，在线教育已成为现代教学模式的一个重要组成部分。在线教育通过提供灵活的学习时间和打破地理限制的优势，使广泛的知识传播成为可能。在体育教育领域，尽管面对必须进行实体操作和实践的挑战，在线教育同样展现出了巨大的潜力和发展前景。通过集成视频教学、交互式模拟以及其他数字化工具，在线体育教学能够有效支持学生技能的学习与提高，同时为教师提供了新的教学方法和手段。

通过深入研究在线体育教育的可行性和实施策略，本书希望为体育教学领域带来创新的教育模式，使体育教育者利用现代信息技术提高教学效果，并为学生创造更加丰富和多元化的学习经验。

一、在线教育的基本特点

在线教育作为一种现代化的教学模式，主要由几个显著的特征组成，这些特征共同定义了它的操作方式和教学效果。

（一）主要特征描述

1. 可访问性

在线教育最大的特点之一是其高度的可访问性。这种教育形式使学生无须前往传统的教室即可接受教育，他们只需通过互联网连接，便能从世界任何地方访问教学内容。这一点对居住在偏远地区的学生尤其重要，因为他们可以获得与城市学生同等质量的教育资源。此外，这种教育模式的灵活性不仅适用于地理位置的限制，还适用于那些需要在家中照顾家庭或因健康问题无法常规上学的学生。在线教育平台通常提供多种学习材料，如视频讲座、互动测验以及实时讨论会，这些都大大丰富了学习体验，使学生根据个人的学习节奏和风格进行学习。因此，无论学生身处何地，在线教育都打开了通往知识和技能获取的大门，特别是对于那些传统教育资源稀缺的地区，这种可访问性尤为宝贵。

2. 灵活性

在线教育允许学生根据自己的时间表进行学习，这种灵活性使学生可以在全职工作、家庭责任或其他个人承诺之余继续教育。学生可以自行选择学习时间和地点，使学习过程更加个性化和自主。这种灵活性对于那些希望平衡职业发展与学术进步的成年人来说尤其有利，他们可以在晚上或周末等空闲时段访问课程内容，而不必担心与工作时间冲突。此外，这种学习方式还支持学生根据自己的学习速度调整进度，无须与他人保持同步，特别是对于那些需要更多时间吸收复杂概念的学生而言，这种个性化的学习路径提供了巨大的帮助。通过这种方式，学生不仅可以控制学习的时间和地点，还可以选择最适合自己学习风格的内容和活动，从而最大化学习效果和满足性。

3. 多样化的教学资源

在线平台能够提供多媒体教学资源，如视频讲座、互动式课程、实时讨论和模拟工具等。这些资源使学习内容更加丰富和吸引人，同时支持各种学习风格。视频讲座允许学生按需观看，便于复习难以理解的概念。互动式课程通过测验和虚拟实验室活动增加学生的参与度，帮助他们主动学习并立即验证其理解。实时讨论促进了师生和学生之间的互动，为在线学习环境增添了社交元素，有助于构建学术社区和提高学习动力。模拟工具特别适用于科学和工程学科，让学生在安全的虚拟环境中进行实验和操作练习，加深对复杂理论的理解。这些多样化的教学资源不仅满足了不同学生的需求，还极大提高了学习的灵活性和互动性，使教育经历更加个性化和有效。

4. 即时反馈与评估

许多在线学习平台配备了即时反馈系统，学生可以通过测验、互动问答等方式即时了解自己的学习进度和理解情况。这种反馈机制不仅限于选择题或填空题的自动评分，还包括更复杂的互动任务，如编程练习和写作作业的即时评审，这些都有助于学生立即识别并纠正理解中的错误。此外，这些平台通常配备分析工具，教师可以利用这些工具追踪学生的表现，分析整个班级或个别学生在特定主题上的掌握程度。这样的数据能使教师及时调整教学策略，比如，重点解释学生普遍觉得困难的概念或调整课程内容的难易程度。即时反馈系统还鼓励学生积极参与学习过程，提高了学习的自我驱动性，因为学生可以看到自己的进步并获得即时的鼓励或指导。

（二）技术支持和资源

1. 学习管理系统

这类系统如 Moodle、Blackboard 等，为教师和学生提供了一个集成的在线学习和管理环境。学习管理系统支持课程内容的上传、作业提交、成绩管理等功能，是在线教育的技术基础。这些平台使教师方便地上传教学材料、设计课程结构，并进行学生互动。同时，学生可以在这些系统中访问课程资料、提交作业、查看成绩，并接收教师的反馈，从而使学习过程更加有序和高效。此外，学习管理系统还常常集成日历功能和通知系统，帮助学生管理他们的学习计划和截止日期，确保他们按时完成课程要求。

2. 交互式工具

在线教育平台经常配备交互式工具，如论坛、聊天室和视频会议工具，这些工具支持实时的教师与学生以及学生与学生之间的互动，增强了学习的社交元素。通过这些交互式工具，学生可以参与更加丰富的讨论、与同学共享观点、解决学术问题，甚至组成学习小组。教师也可以利用这些工具进行实时的问答，组织在线讲座，或者根据学生的表现给出即时反馈，从而使教学更加动态和互动。

3. 自适应学习技术

一些先进的在线教育平台采用人工智能技术，根据学生的学习进度和理解能力调整教学内容，提供个性化的学习经验。这种自适应学习系统可以分析学生的答题模式和学习习惯，自动调整课程难度和教学节奏，确保每位学生都能在适合自己的速度上进步。这些系统通过提供定制的学习路径和资源，帮助学生克服个人的学习障碍，从而提高整体的学习效率和成效。

4. 数据分析工具

利用大数据和分析工具，教育者可以监控学生的学习活动，识别学习趋势和潜在的教学难点，从而进行针对性的教学改进。这些工具能够提供深入的洞察，如学生参与度、完成任务的时间、测试成绩的分布等，使教师基于具体数据做出教学决策。此外，数据分析也可以揭示课程设计中的不足，指导教师优化课程结构和内容，以适应学生的需求和反馈。

二、专业体育在线教育的融合

在当今数字化迅速发展的背景下，体育教学也开始尝试与在线教育模式进行融合，这一进程带来了许多挑战与机遇。在线体育教学的实施不仅是教育技术的一个重要应用领域，也是对传统体育教学模式的一种补充和扩展。

（一）体育教学中实体活动与在线环境的融合问题

体育活动本质上强调身体运动和实际操作，这对在线教学模式提出了特殊的要求。如何在不同地点的学生中实施统一的教学标准，以及如何通过屏幕传达运动技巧和体育精神，都是需要解决的问题。在线体育教学需要创新的教学方法和技术支持，比如，使用视频演示、交互式模拟技术和虚拟现实等，以模拟现场教学的环境和体验。

（二）在线体育教学的优势

在线体育教学模式的最大优势在于其灵活性和可访问性。首先，它允许学生在任何有限的空间内进行训练，不受地理位置的限制。学生可以根据自己的时间表安排学习，这对于工作和学习时间冲突的学生尤其有益。其次，通过在线教学平台，教师可以提供个性化的指导和反馈，更好地满足不同学生的需求。最后，这种教学模式能扩大教育资源的覆盖范围，使偏远地区的学生也能享受优质的体育教育资源。

（三）面临的挑战

尽管在线体育教学具有诸多优势，但它也面临着不少挑战。其中，学生参与度的问题尤为突出。在没有教师面对面监督的情况下，保持学生的动力和参与度可能较为困难。此外，实践技能的培养也是一个重大挑战。体育技能的学习往往需要直接的物理互动和即时反馈，而在线环境中这些元素很难完全复制。因此，如何有效地通过在线方式教授复杂的运动技巧，确保学生正确地学习和实践这些技能，是在线体育教学需要解决的问题。

综上所述，虽然在线体育教学在实现体育活动与在线环境的融合过程中遇到了一系列挑战，但其灵活性和可访问性的优势也为体育教育的发展开辟了新的可能。未来的体育教育需要不断探索和创新，以适应不断变化的教育需求和技术发展。

三、在线体育课程

在体育教育的在线转型中，教学内容与方法的创新成为提高课程有效性的关键因素。为了适应这种新兴的教学模式，教育者需要探索和开发适合在线学习的体育课程内容，并采用创新的教学方法提高学生的学习体验和学习成果。

（一）适合在线教学的体育课程内容

在线体育教学的课程内容需要精心设计，以适应远程学习环境的特点。这包括选择那些可以通过视频或其他数字媒体有效传达的运动技能。例如，基础健身训练、瑜伽、舞蹈以及轻松的体操动作等，都是适合在线教学的体育活动，因为这些运动不需要特别的设备或场地，学生可以在家安全地进行学习。这些活动通常包括一系列可视化的动作和步骤，教师可以通过视频展示每个动作的正确形式和技巧，同时提供可供学生跟随的节奏和指导，确保学生即使在没有面对面指导的情况下也能正确学习和执行这些动作。

此外，理论性较强的内容如运动理论、运动心理学、运动营养学等，也非常适合通过在线平台进行教学，因为这些内容依赖讲解和讨论，容易通过数字方式进行。这些理论课程可以通过在线讲座、互动讨论和数字教材的形式提供，允许学生在自己适宜的时间内接触和吸收知识。例如，运动心理学的课程可以通过视频案例研究、在线互动测试以及实时的学生和教师之间的讨论会话教授，使学生深入理解运动者的心理状态及其对运动表现的影响。

（二）创新的在线教学方法

1. 视频教程

视频是在线体育教学中最直接的工具。教师可以录制高质量的教学视频，详细展示每个动作的技巧和要领，例如，正确的身体姿势、呼吸技巧以及动作的执行顺序。视频教程允许学生按自己的节奏反复观看，直到掌握技能。这种方式特别适合需要精确动作和步骤指导的运动，如瑜伽和武术。此外，视频可以加入慢动作和标注功能，帮助学生更清楚地看到动作的关键点，从而更有效地学习和模仿。

2. 互动游戏

将体育学习与互动游戏结合是一种寓教于乐的方法。例如，通过使用运动相关的游戏应用或在线竞技平台，学生可以在虚拟环境中练习技能，同时与其他学生进行互动和竞争。这种方法不仅可以增加学习的趣味性，还可以通过游戏化的挑战和奖励机制激励学生更加积极地参与。例如，学生可以参加在线跑步比赛，通过追踪和分享他们的成绩，与来自不同地区的同学比较进步。

3. 模拟实训

利用虚拟现实或增强现实技术提供模拟训练体验，可以使学生在接近现实的环境中学习复杂的运动技巧。这些技术提供的沉浸式体验对于提高学生的技能水平非常有帮助。例如，使用虚拟现实头盔和手部追踪器进行篮球投篮训练，学生可以在虚拟球场中进行自如的投篮练习，同时，系统可以提供即时反馈指导动作的改进。

4. 实时互动课堂

使用 Zoom、Microsoft Teams 等视频会议工具进行实时教学，不仅可以进行直接指导，还可以即时解答学生的问题，提供个性化的反馈。这种实时互动确保了教师可以观察学生的实际表现，并针对每个学生的具体需求进行调整和建议。此外，实时课堂也可以增设小组讨论和互动练习，增强课堂的互动性和参与感，使在线学习环境更接近传统的教室氛围。

四、在线教学平台与工具的应用

在线教学平台和工具的有效应用是实现现代教育技术的关键。在体育教学领域，这些技术的使用不仅提高了教学的可达性和互动性，还拓宽了教学方法的边界。以下是对当前在线教学平台及其特点的评述，以及各种教学工具在体育教学中的实际应用讨论。

（一）在线教学平台的评述及特点

1. Moodle

Moodle 是一个广泛使用的开源学习管理系统，提供丰富的课程管理功能，支持创建在线课程、布置作业、在线测试和评分等。其强大的可定制性使其成为许多教育机构的首选。Moodle 的特点是其高度的灵活性和扩展性，教育者可以根据具体的教学需求安装各种插件，从而增强功能或改进用户体验。此外，Moodle 社区非常活跃，可以提供大量的资源和支持，教师和技术人员可以轻松找到解决问题的方案或分享最佳实践。

2. Canvas

Canvas 以其用户友好的界面和强大的集成功能而著称。它支持视频上传、实时讨论板与合作工具，非常适合需要高度互动的体育教学环境。Canvas 的互动工具可以使学生参与课程讨论，提高他们的学习动机和参与度。例如，教师可以通过 Canvas 发布视频教程，学生在观看后可以直接在平台上提问或发表评论，教师和同学们即可在同一讨论线索下回复，形成有效的交流和学习共同体。Canvas 还提供移动应用，支持学生和教师随时随地访问课程内容和通知。

3. Google Classroom

Google Classroom 简化了课程的创建和管理过程，使教师轻松分享资料和通信，而且完美集成了 Google 的其他工具，如 Google 文档和 Google 驱动器，便于资源共享和协作。这种集成使管理课程文件、作业提交和分组项目变得非常便捷。学生可以在一个平台上完成所有学习活动，从接收作业指令、提交作业到接收反馈，所有步骤都无缝连接。Google Classroom 的界面简洁直观，即使是技术不太熟练的用户也能快速上手，大大减轻了教师和学生的技术负担。

（二）教学工具的实际应用

1. 移动应用

各种专门为体育训练设计的移动应用程序能够提供个性化的训练指导和反馈。这些应用通常包括动作捕捉、性能追踪和进步分析等功能，极大增强了学生的训练效果和体验。例如，一款跑步应用可以通过 GPS 和加速度传感器追踪用户的跑步速度、距离和热量消耗，同时提供音频反馈调整跑步节奏或姿势。这些应用的互动性和实时反馈机制对于保持学生的训练动力和持续改进至关重要。

2. 视频分析工具

视频技术在体育教学中的应用日益普及，许多平台和应用支持视频录制和分析功能。教师可以使用这些工具录制学生的表现，进行详细的动作分析，并提供专业的反馈和改进建议。通过这些工具，教师可以从多角度观察学生的技能执行情况，识别技术缺陷或运动模式的偏差，并提出具体的改进措施。此外，这些视频还可以用于展示"模范"动作与学生实际表现的对比，帮助学生更清晰地理解动作标准，从而有效地改进技能。

总的来说，随着在线教学平台和工具的不断发展和完善，体育教学的方法和效果都得到了显著提升。教师和学生都可以从这些技术的应用中受益，不仅提高了学习的效率，也增强了教学的互动性和趣味性。

五、教师角色与学生参与

在线体育教学的发展不仅改变了教学的形式和内容，还促使教师的角色发生了巨大转变。同时，提升学生的在线学习参与度和动机也成了教学成功的关键因素。

（一）教师在在线体育教学中的角色转变

在传统体育教学中，教师的角色往往是知识和技能的直接传授者，通过面对面的互动，指导学生进行体育活动。然而，在在线环境中，教师的角色需要更多地转变为引导者、协调者和激励者。在线教学要求教师不仅应掌握体育知识和技能，还应有效地使用技术工具，管理在线课堂，激发学生的学习兴趣和参与热情。

1. 引导者

在在线教育环境中，教师扮演着至关重要的引导者角色。他们不仅需要向学生介绍如何有效地利用各种在线资源，例如，教学视频、互动软件和模拟训练工具等，还需要教会学生如何自主学习和独立思考。教师应帮助学生设定明确的学习目标，并根据每个学生的个人需求和能力，规划个性化的学习路径。这包括选择适合的教学内容、推荐合适的学习材料，以及定制学习活动，以确保学生可以在虚拟环境中有效学习并达成学习目标。

2. 协调者

在在线环境中，教师还需要协调不同学生的学习进度和互动，确保线上课堂的秩序。这意味着教师需要监控学生的参与度、管理在线讨论，以及确保所有学生都能访问必要的学习资源。同时，教师需要促进学生之间的交流与合作，如通过设立小组讨论或项目，让学生在团队合作中学习并解决问题。这种协调工作不仅帮助保持教学质量，还强化了学生的社交技能和团队精神。

3. 激励者

鉴于在线学习可能缺乏面对面互动的直接动力，教师需要采取多种策略激发学生的学习动机。这包括提供定期反馈、积极鼓励和适当的奖励机制。例如，教师可以设置里程碑奖励，如数字徽章或证书，表彰学生达成特定学习目标。此外，通过定期的在线会议或视频调用，教师可以与学生进行面对面的沟通，并提供个性化的反馈和指导。这些互动不仅能增强学生的参与感，还能帮助他们在学习过程中保持积极和动力。

（二）有效提升学生的在线学习参与度和动机

1. 增加互动性

增加师生及生生之间的互动是提高在线学习效果的关键方法。教师可以通过实时的视频会议、在线讨论和互动游戏等方式实现这一点。例如，教师可以组织虚拟的体育竞赛，学生可以在家模拟实际操作，然后通过视频分享给同学和教师。这不仅能提高学生的参与感，还能在远程学习环境中创建一种竞争与合作的氛围。此外，实时的问答环节和在线投票可以让每个学生都有机会表达自己的意见和思考，从而加强课程的互动性和学习的深度。

2. 使用激励机制

在在线教学中设置清晰的目标和激励措施可以显著提高学生的参与动力。比如，通过完成任务的积分制度、在线徽章或证书奖励学生的努力和成就。这些奖励不仅能提供学习的即时反馈，还能激发学生的竞争精神和成就感。定期的排行榜更新和特殊荣誉的授予可以进一步增加学习的吸引力，鼓励学生持续参与和努力。

3. 提供个性化学习路径

个性化学习路径允许学生根据自己的兴趣和能力选择学习材料和活动，这是在线教育环境中提升学习效果的重要策略。教师可以设计多种学习路径，让学生根据自己的进度选择不同难度的任务或深入探讨自己感兴趣的主题。例如，为高级学生提供高强度训练程序，而初学者则可以从基础技能学起。这种方法不仅让学习更加符合个人需求，也有助于保持学生的学习动力和满意度。

4. 实时反馈和支持

在在线教育环境中，及时提供个性化的反馈对于学生的学习进度和问题诊断至关重要。定期评估和即时反馈可以帮助学生了解自己的学习状况，识别强项和弱项。同时，教师应随时准备解答学生在学习过程中遇到的问题，并提供必要的学术支持和鼓励。通过使用邮件、即时消息或视频会议，教师可以确保及时响应学生的需求，增强学生的学习体验和成果。

通过对教师角色的重新定位和对学生参与度及动机提升的策略实施，可以有效地推动在线体育教学的效果，使其成为体育教育领域中一种有效和受欢迎的教学模式。

六、效果评估与质量保证

为了确保在线体育教学的有效性与教育质量，进行系统的效果评估和持续的质量保证至关重要。这不仅能帮助教育机构监控和提升教学质量，也能保证学生从课程中获得预期的学习成效。

（一）在线体育教学的效果评估方法

1. 学生表现的跟踪和评估

有效的学生表现跟踪和评估是在线教学成功的关键。可以通过在线测试、技能演示视频和实时表现观察评估学生对技能的掌握程度。例如，学生可以提交自己的运动技能演示视频，教师则可以利用这些视频进行详细分析和反馈。此外，实时的互动课堂也允许教师即时观察学生的表现，从而更精确地评估学生的技能水平和学习进度。这些评估可以定期进行，以监控学生的进步和识别学习难点，确保每个学生都能得到必要的支持和指导。

2. 课程完成率和学生参与度

通过分析课程的完成率、学生参与讨论的活跃度、作业提交情况等数据，可以评估学生的参与程度和课程的吸引力。这些数据不仅可以反映学生的学习热情和课程内容的有效性，还可以帮助教师调整教学策略，提高课程设计的针对性和互动性。例如，某部分课程的完成率较低，可能表明该部分内容过于复杂或缺乏吸引力，需要教师进行相应的调整。

3. 学生满意度调查

定期进行学生满意度调查，收集学生对课程内容、教学方法、互动性及平台使用体验的反馈，有助于了解学生的真实感受和需求。通过这些反馈，教师可以了解哪些教学元素最受欢迎，哪些方面需要改进。这些信息是改善课程质量、增强学生参与感和提升教学效果的宝贵资源。

4. 同行评审和专家评估

邀请体育教学领域的其他专业人士或教师对课程内容和教学方法进行评审，可以提供外部视角，帮助改进教学质量。同行评审不仅提高了教学内容的可信度，还促进了教学方法的创新。专家的意见和建议可以帮助教师识别课程中的盲点，引入新的教学思想和技术，确保课程设计和教学方法符合行业最高标准。

（二）确保在线体育教育的教学质量和学习成效

1. 标准化的课程设计

确保所有在线体育课程遵循教育标准和质量指南，内容要系统、全面，同时具有高度的互动性和参与感。这意味着课程内容不仅要涵盖所有必要的理论知识和实践技能，而且要通过吸引人的教学方法，如多媒体演示、实时互动和模拟活动，促进学生的积极参与。课程设计应考虑不同学习风格和需求，包括适当的自学材料、协作任务和教师引导的活动，确保学习体验既均衡又充实。

2. 教师专业发展

定期为教师提供在线教学方法和工具的培训，增强他们运用新技术和教学策略的能力，确保教学方法的现代性和高效性。这种专业发展包括研讨会、在线课程和同行交流，帮助教师掌握最新的教育科技工具，如虚拟现实、增强现实和智能教学系统。通过这种持续的职业培训，教师可以不断提升自己的教学技能，更好地满足学生的学习需求和期望。

3. 技术支持和资源

提供稳定可靠的技术支持，确保教学平台的顺畅运行，同时提供丰富的教学资源，如视频、模拟工具、互动游戏等，支持教师和学生的教学和学习活动。技术支持团队应随时准备解决任何技术问题，从简单的用户接口问题到复杂的系统故障，确保所有教学活动不受技术问题的干扰。此外，不断更新和扩充教学资源库，包括最新的研究资料、案例研究和互动模拟，可以极大地丰富课程内容和教学手段。

4. 持续地质量监控与改进

建立一个持续的质量改进机制，定期回顾教学活动的成效，根据反馈和评估结果进行必要的课程调整和教学方法优化。这包括收集和分析学生的学习成果、参与度和满意度数据，以及从教师和外部审核者那里获取反馈。通过这种持续的监控和反馈循环，教育机构能够及时发现问题并做出调整，从而不断提高教学质量和学生的学习体验。

通过实施这些效果评估方法和质量保证措施，可以有效地监控和提升在线体育教学的质量，确保教学活动不仅能达到教育目标，也能满足学生的学习需求和期望。这种系统的方法将促进在线体育教育的长期成功和可持续发展。

第二节　虚拟现实与体育教学

随着技术的快速发展，虚拟现实技术已经成为近年来科技领域最引人注目的进步之一。其独特的沉浸式体验不仅改变了人们的娱乐方式，也逐渐在教育领域显示出巨大的潜力和应用前景。特别是在体育教学中，虚拟现实技术的引入被认为是革命性的创新，它为传统的体育教学方式带来了前所未有的转变和提升。

虚拟现实技术通过创造一个全面的数字环境，使用户与这个三维世界中的对象进行交互。这种技术最初主要用于游戏和娱乐，但很快其在教育领域的潜力开始被广泛认识到。在教育中应用虚拟现实技术，可以提供一个无风险的模拟环境，让学生进行实践学习而不是被动接受信息。例如，在医学教育中，学生可以通过虚拟现实进行手术实操练习；在历史教育中，学生可以"亲临"历史现场，增强学习体验和记忆。

体育教学是一个高度依赖实践和体验的领域，传统的教学方法往往需要大量的物理空间和设施支持。虚拟现实技术的引入可以在不受物理空间限制的情况下，提供模拟的体育练习环境，使学生在虚拟世界中学习篮球、足球、高尔夫等体育技能。更重要的是，提供一个可控且可重复的训练环境，学生可以在其中自由地重复练习特定技巧而无须担心受伤或天气和其他外部条件的影响。

此外，虚拟现实技术还可以用来模拟真实的体育比赛环境，帮助学生在比赛中应对压力，提高心理素质和比赛表现。因此，研究虚拟现实在体育教学中的应用不仅可以推动体育教育的现代化进程，也有助于优化教学方法，使体育训练更加科学、高效。

随着虚拟现实技术的不断进步和成本的逐渐降低，其在体育教学中的应用正在变得日益广泛和深入。因此，探索和研究虚拟现实在体育教学中的具体应用、效果评估及其潜在问题，对于教育者和技术开发者来说具有重要的实践和理论意义。

一、虚拟现实技术概述

虚拟现实技术是当前高科技领域的一个热点，它通过创建模拟环境，提供一种全新的用户界面，使人们沉浸在一个与现实世界完全不同的虚拟世界中。本节将对虚拟现实技术进行详细的概述，包括其定义、主要组成、工作原理以及在教育领域的通用应用。

（一）定义虚拟现实技术

虚拟现实技术是一种通过计算机技术创建的模拟环境，它可以使用户通过特定的硬件和软件接口与这个虚拟环境中的对象互动。这种技术通常涉及视觉、听觉甚至触觉的模拟，以产生身临其境的感觉。用户通过头戴式显示器、手柄和其他传感设备进入并操作虚拟世界，体验高度真实的交互效果。

在视觉方面，虚拟现实技术利用高分辨率的头戴显示器，覆盖用户的视野，展示三维空间的图像，这些图像随用户头部的移动而实时变化，从而增强了深度感和空间感。在听觉上，虚拟环境中的声音通过立体声耳机传达，根据用户在虚拟世界中的位置和方向变化，声音的强度和方向也会相应调整，使用户感觉声源就在他们周围。

触觉反馈则通过特制的手套、服装或其他可穿戴设备实现。这些设备通过振动、压力或温度变化模拟真实的触觉体验，如触摸、抓握或行走的感觉。这样的多感官模拟使虚拟现实体验更丰富和真实。

虚拟现实技术的应用范围非常广泛，从游戏和娱乐到教育、医疗、军事训练和工业设计等多个领域都有广泛的应用。通过创建一个控制的、交互性强的三维环境，虚拟现实技术不仅能提供娱乐和学习的新方式，还能帮助专业人员在安全的模拟环境中练习和完善他们的技能。

（二）虚拟现实技术的主要组成和工作原理

1. 头戴式显示器

头戴式显示器是虚拟现实体验的核心设备，包含一对小显示屏或通过镜片投影的单个显示屏，直接放置在用户的眼前。头戴式显示器还包括用于追踪用户头部运动的传感器，确保视觉内容随用户头部动作实时更新。这种技术使用户在虚拟世界中自然地查看周围环境，无论是向上仰视、向下俯视还是四处旋转，系统都能精确地反映出相应的视角变化。此外，一些高端头戴式显示器还包括眼球追踪技术，进一步提高交互的自然性和准确性，增强用户的沉浸感。

2. 输入设备

输入设备通常包括手柄、手套或其他形式的跟踪系统，用来捕捉用户的手部和身体运动，使用户在虚拟环境中进行交互。例如，手柄可能会配备动作按钮、触觉反馈和运动传感器，允许用户进行抓取、投掷或指向动作。虚拟现实手套则提供更精细的动作捕捉和触觉反馈，能够模拟触摸的感觉，使用户感觉像是真的触摸到了虚拟物体。

3. 音频输出

为了增强虚拟环境的沉浸感，高质量的空间音频是必不可少的。音频系统会根据用户在虚拟环境中的位置和环境事件调整声音的方向和强度。这种空间音效可以使声音源似乎来自特定的位置，如从用户的后方或者特定角度，从而增加真实感并吸引用户的注意力。例如，在一个虚拟森林中，用户可以根据树叶沙沙作响的方向感知风的方向和力度。

4. 软件

虚拟现实软件负责生成复杂的交互式三维环境，并处理用户输入和系统输出之间的交互。这包括游戏、教育程序和训练模拟等应用。虚拟现实软件平台必须高效地处理高分辨度图像和复杂的物理交互，确保环境的逼真和用户操作的即时响应。此外，许多虚拟现实软件还包含开发工具集，允许开发者创建和定制个性化的虚拟环境，适用于从房地产展示到复杂的手术模拟。

（三）虚拟现实技术在教育领域的应用

1. 模拟实验和操作

在科学和工程教育中，虚拟现实可以用来模拟实验室实验或复杂的机械操作，让学生在安全的虚拟环境中进行风险较高的实践操作。例如，化学学生可以在虚拟现实环境中进行化学反应实验，操作高度危险的化学物质而无须担心安全问题。工程学生能够在虚拟环境中组装或拆解复杂的机械系统，理解各部件的工作原理及其相互作用，而无须实际接触昂贵或敏感的设备。这种模拟不仅减少了实际实验中的物料和设备成本，还避免了实验过程中可能出现的安全事故。

2. 历史和文化重现

在历史教育中，虚拟现实技术能够重现历史事件和文化场景，使学生"亲历"历史，增强学习的吸引力和记忆效果。通过虚拟现实，学生可以步入古罗马的街道，参观中世纪的城堡，或者亲眼见证历史上的重大事件，如美国独立宣言的签署或柏林墙的倒塌。这种互动式的历史体验远比传统的课堂讲授或阅读教科书更加生动和直观，有助于学生更好地理解和记忆历史事实和文化背景。

3. 语言学习

通过模拟不同的语言环境，如在一个讲英语的虚拟城市中导航，学生可以在实际对话中练习新语言。这种沉浸式的语言学习方法可以让学生在类似真实的社交场景中使用新语言，如在虚拟咖啡店点餐或在虚拟商店购物。学生能够练习听力和口语技能，同时通过与虚拟角色的交互学习语言中的非语言信号，如肢体语言和面部表情。这种方法为学生提供了一个无压力的实践环境，帮助他们克服在真实情境中可能感到的紧张和焦虑。

二、虚拟现实在体育教学中的应用

（一）虚拟现实在体育教学中的具体应用案例

虚拟现实技术在体育教育中提供了全新的训练和学习方式，尤其适合于技能训练和策略理解。一个典型的应用案例是使用虚拟现实技术训练篮球技巧。例如，利用虚拟现实设备，学生可以进入一个虚拟的篮球场，与程序生成的对手或其他真实玩家进行比赛。这种设置不仅可以模拟实际比赛中的环境和压力，还可以允许教练在旁边即时提供反馈和指导。

在这个虚拟的篮球训练环境中，学生可以练习各种篮球技能，如投篮、运球、防守技巧以及团队协作。虚拟现实技术的一个关键优势是可以模拟各种比赛情况，让学生在没有物理风险的情况下尝试和练习。比如，学生可以在被虚拟对手紧逼的情况下练习控球和传球，这种压力环境的模拟有助于提高他们在真实比赛中的表现。

此外，虚拟现实系统可以记录学生的表现数据，分析其动作质量，从而为教练提供改进训练计划的依据。通过捕捉运动轨迹和体态，虚拟现实技术可以详细分析学生的动作效率和技术准确性，帮助教练识别学生在技术上的不足，进而制订个性化的训练计划。

这种技术的引入不仅增强了训练的趣味性和互动性，还通过精确的数据反馈提高了训练的有效性。学生能够即时看到自己的表现改进，并根据教练的实时指导进行调整，这极大提升了学习效率和运动技能水平。

（二）虚拟现实在体育教学中提供的独特互动体验

虚拟现实技术通过提供一个沉浸式的学习环境，显著增强体育技能的学习和训练效果。首先，它允许学生在没有物理限制的情况下重复练习特定技能。例如，在滑雪训练中，学生可以在不受天气和地理限制的情况下，无限次地练习滑降技巧。这种重复练习是技能掌握的关键，因为它允许学生在没有外部风险的安全环境中，多次练习和矫正动作，直至形成肌肉记忆。

其次，虚拟现实环境可以模拟各种竞赛情境，帮助学生适应不同的竞技环境，提高应对实际比赛的心理和技术准备。这种模拟可以非常真实地复制比赛环境的压力和紧张感，使学生在面对真正的竞赛时，更加从容不迫。例如，虚拟现实可以模拟大型赛事的观众嘈杂声、场地环境和具体比赛的压力情境，帮助运动员在心理上习惯并管理比赛时的压力。

最后，虚拟现实可以提供即时的视觉和听觉反馈，帮助学生更好地理解他们的动作表现和需要改进的地方。在虚拟环境中，当动作执行后，系统可以立即显示数据反馈，如动作的准确性、力量输出和技术效率，甚至提供高级分析，如动作的优化建议和比较。例如，学生在打高尔夫球时挥杆角度不当，虚拟现实系统可以通过视觉效果指示正确的角度，并通过听觉反馈给出指导建议。

这些技术集合不仅使学习和训练过程更加高效，也使教练更精确地监控学生的进度和技术发展，为每位学生提供量身定制的训练计划。通过这种方式，虚拟现实技术极大提高了体育技能学习的质量和效率，同时为学生和教练提供了前所未有的训练工具和方法。

总之，虚拟现实技术为体育教学带来了前所未有的新机遇，它不仅改善了教学方法，增强了学生的学习动机和效果，还开辟了体育训练的新领域，使体育教学更加科学、有效和有趣。

三、教学内容与方法的创新

随着虚拟现实技术在教育领域的快速发展，体育教学也迎来了创新的教学内容与方法。虚拟现实技术不仅提供了新的方式设计体育课程，还引入了动态的教学方法，能够满足个体学生的具体需求。

（一）探索适合于虚拟现实环境的体育课程内容

在虚拟现实环境中设计体育课程时，教育者需要考虑哪些运动技能和理论知识可以通过虚拟现实技术有效传授。例如，羽毛球拍的握法、篮球的投篮技巧和足球的盘球技能都可以在虚拟现实环境中通过模拟进行教学。这些技能的学习通常需要大量的视觉和肌肉记忆的培养，虚拟现实技术通过提供一个可视化且反馈及时的平台，使学习过程更高效。学生可以看到自己的动作与专业示范动作的直接比较，及时调整以匹配正确的技术。

此外，虚拟现实环境非常适合进行那些在实体环境中难以实现的训练，如极限运动、复杂的舞蹈动作等，因为它们在虚拟环境中可以无风险地重复练习。例如，滑雪和滑板等极限运动，学生可以在完全安全的虚拟环境中尝试各种技巧和动作，而不必担心受伤的风险。这种风险自由的环境特别有助于初学者建立信心和基本技能。

虚拟现实也提供了展示复杂理论概念的新方式，如运动生物力学、运动策略的理论分析等。通过虚拟现实，学生可以直观地观察肌肉如何在特定运动中工作，或者球场上不同的战术布局如何影响比赛结果。此外，虚拟现实技术可以模拟历史上著名的体育比赛，允许学生从内部观察和分析比赛的每个阶段，深入理解体育竞技中的决策和技术应用。

通过这些应用，虚拟现实不仅丰富了传统的体育课程内容，还扩展了课程的范围，使一些通常难以接触的领域变得触手可及。这种技术的应用为体育教育带来了革命性的变革，使教育过程不仅限于传统的教室和体育场所，而是扩展到了任何可以想象的环境。

（二）虚拟现实创新的教学方法

1. 虚拟现实模拟运动

通过高度真实的图形和动态反馈，虚拟现实可以模拟各种运动环境和条件，使学生在虚拟世界中练习实际技能。这种模拟不仅增加了训练的趣味性，还提高了学习效率。例如，学生可以在虚拟环境中模拟滑雪、攀岩或其他可能需要复杂设备和特定地理条件的运动，无须离开教室。此外，这种方法允许学生在无风险的情况下尝试技术上更具挑战性的动作或策略，通过错误和成功快速学习和适应。

2. 竞技和策略训练

虚拟现实技术允许学生在控制的环境中参与竞技活动，如虚拟的田径比赛或球类比赛。这不仅可以训练学生的体能，还可以教授他们相关的竞赛策略和决策技能。在虚拟现实环境中，学生可以体验不同的比赛布局和对手策略，从而增强适应能力和策略思考。例如，在一个模拟的足球比赛中，学生可以实验不同的队形和战术，了解每种策略的优势和局限。

3. 互动与合作

虚拟现实环境可以设计多人互动的训练场景，促进学生之间的合作和竞争，培养团队精神和社交能力。这种设置使学生不仅在技术技能上得到锻炼，还在沟通和团队协作方面获得实际经验。例如，一个多人虚拟篮球训练程序可以让学生组成队伍，一起制定进攻和防守策略，学习如何在竞赛中有效沟通和协作。这种交互体验不仅提高了学生的参与度，而且通过共同解决问题和竞争，增进了彼此之间的关系。

通过这些方法，虚拟现实技术大大提高了体育教学的可能性，不仅在技术层面提供了更广泛的训练机会，还在心理和团队动力学方面开创了新的教学前景。

(三) 通过虚拟现实技术实现个性化学习路径

个性化学习是现代教育的重要趋势之一，虚拟现实技术提供了实现这一目标的独特工具。通过虚拟现实，教育者可以根据每个学生的技能水平、学习速度和偏好设计定制的训练计划。例如，虚拟现实系统可以根据学生的表现自动调整难度级别，提供定制化的反馈和指导，从而优化学习体验。这种适应性学习环境允许学生以自己的节奏掌握复杂的技能，而无须感受与同龄人比较的压力。

此外，虚拟现实还可以记录详细的学习数据，帮助教师监测学生的进展和调整教学策略。这些数据不仅包括学生的完成时间和正确率，还细致到特定动作的精确性和反应时间，为教师提供了前所未有的洞见。这些洞见能使教师识别学生在学习过程中的具体难点，如技术执行的错误或概念理解的偏差，从而针对性地调整教学内容和方法。

在个性化学习路径的支持下，虚拟现实技术特别适合那些需要高度技能和精确动作的学科，如外科手术、飞行训练或高级体育技能。例如，在进行飞行模拟训练时，虚拟现实可以根据学生的操作表现和学习曲线动态调整飞行条件和应急场景的复杂度，确保学生逐步而系统地掌握必要的飞行技能。

通过这些创新的教育方法，虚拟现实不仅提高了教育的效率和有效性，还极增强了学习的吸引力和动力。它通过提供一个安全、可控且响应灵敏的学习环境，极大提高提升了个性化学习的实施可能性和学习成果的质量。

总之，虚拟现实技术为体育教学提供了一种全新的方式，它不仅提高了教学内容的可能性，还引入了多种创新的教学方法，同时为实现教学的个性化提供了强有力的技术支持。通过这些创新，虚拟现实技术有望极大提高体育教学的质量和效果。

四、教师角色与学生参与

随着虚拟现实技术在体育教学中的广泛应用，教师的角色和学生的参与方式正在发生显著的变化。这种技术的引入不仅改变了教学内容的传递方式，还影响了学生的学习动机和行为。

（一）教师在虚拟现实体育教学中的新角色

在传统体育教学中，教师通常扮演直接的指导者和训练者的角色。然而，在虚拟现实环境中，教师的角色转变为设计者、引导者和监督者。这一转变不仅改变了教学方式，也扩展了教师职责的广度和深度。

作为设计者，教师需要设计和调整虚拟教学环境，确保它不仅符合教学目标，而且有效地吸引学生参与。这包括选择合适的场景、创建教学活动和设定互动元素，以适应不同的教学计划和学生的个性化需求。教师必须理解如何利用虚拟现实的技术特性增强体验，例如，通过增加视觉元素、音效和动态互动丰富教学内容。

作为引导者，教师的任务是引导学生如何有效利用虚拟现实技术进行学习。这涉及教授学生如何操作虚拟现实设备，如何在虚拟空间中导航，以及如何通过虚拟现实进行有效的学习和练习。教师需要确保学生能够适应这种新的学习环境，帮助他们克服可能的技术障碍，使他们充分利用虚拟现实技术的潜力。

作为监督者，教师需监督学生的学习进度，确保学习目标得到实现。这包括跟踪学生的参与度、进步和成就，及时提供反馈和支持。监督也涉及评估虚拟课程的有效性，根据学生的反馈和成绩进行必要的调整和优化。

此外，教师在虚拟现实环境中更多地扮演互动的协调者，通过虚拟互动激发学生的学习兴趣和参与度。这可能包括组织虚拟竞赛、团队协作任务或互动讨论，这些活动都是为了增强学生的参与感和动机，同时提高团队合作和竞技技能。

总之，虚拟现实技术为体育教学提供了新的维度和机会，教师的角色因此变得更加多元和关键。教师不仅要掌握传统的教学技能，还要适应并利用新技术优化教学过程和学习体验。

（二）提升学生在虚拟现实体育课程中的参与度和互动

要想提升学生在虚拟现实体育课程中的参与度和互动，教师可以采取以下几种策略。

1. 增强互动性

设计包含高互动性的虚拟现实体育活动，如虚拟团队竞赛或合作游戏，鼓励学生与同伴进行交流和竞争。这些活动可以模拟真实世界中的体育活动，如篮球或足球比赛，其中，学生需要与队友协作，共同制定策略和执行计划。此外，虚拟现实环境可以提供独特的体育挑战，如虚拟障碍赛或团队接力赛，这些活动不仅增加了趣味性，也强化了团队间的竞争与合作，从而大幅提升学生的参与感和团队精神。

2. 个性化学习路径

利用虚拟现实技术的灵活性，为学生提供个性化的学习路径和选择，让学生根据自己的兴趣和能力选择合适的训练模式和难度。这意味着学生可以在一个支持自我导向学习的环境中进步，无论是选择单独练习某个技能，如虚拟网球挥拍，还是参与更结构化的训练程序。个性化的路径不仅提高了学习的相关性和效果，也使学生按自己的节奏进行学习，减少挫败感并增强自信心。

3. 实时反馈

利用虚拟现实技术提供即时的性能反馈，帮助学生了解自己的进展和需要改进的地方，增强学习的动力。在虚拟现实环境中，学生的每个动作都可以被精确追踪和分析，从而提供详尽的数据反馈，如动作的正确性、速度和力量。例如，在进行虚拟高尔夫球训练时，系统可以即时显示球杆的摆动角度和球的飞行轨迹，指导学生如何调整姿势以改进表现。这种反馈机制不仅有助于学生及时纠正错误，还能提供积极的鼓励，促进学生技能的快速发展。

通过实施这些策略，教师可以显著提升学生在虚拟现实体育课程中的参与度，使教学更加生动和有效。这些策略也帮助学生在虚拟环境中获得更充实和有意义的学习经历，同时培养他们的技能、决策能力和团队合作精神。

（三）学生在虚拟环境中的学习动机和行为变化

虚拟环境通过提供沉浸式和游戏化的学习体验，能显著影响学生的学习动机和行为。在虚拟现实环境中，学生往往感受到更强烈的学习动机，因为这种新颖的技术本身就具有吸引人的特点。使用头戴设备和交互式控制器，学生可以深入一个全新的、充满刺激的世界，这种全身心的投入方式远超传统的学习方法。

此外，虚拟环境中的游戏化元素，如积分、奖励和级别提升，可以增强学生的竞争意识和成就感，进而提高他们的参与度和学习投入。例如，学生在完成一项虚拟跑步赛或篮球投篮训练后，可以获得即时反馈和奖励，这些正面激励促进学生在游戏中不断努力，以达到更高的水平或赢得比赛。

然而，教师也需要注意监控学生的行为变化，确保学生在享受虚拟体育活动的同时，达到教学的预定目标。虚拟环境可能非常吸引人，学生可能会过度沉迷于虚拟世界的成就，从而忽视了现实生活中体育活动的重要性和社交互动的价值。因此，教师应该设计适当的教学活动，使虚拟训练与现实世界的体育活动相辅相成，如将虚拟技能训练与现场比赛结合，或在课程中安排讨论和反思环节，引导学生思考虚拟体验与现实体育的联系和区别。

此外，教师应该定期收集和分析学生在虚拟环境中的表现数据，包括参与频率、成绩进步以及互动的情况，从而调整教学策略，确保虚拟体育活动真正地支持教学目标，而不仅仅是提供娱乐。通过这种方法，虚拟现实技术不仅能提高学生的学习动机和参与度，还能促进他们的全面发展，包括体育技能、战略思考以及团队合作能力。

总之，虚拟现实技术在体育教学中的应用为教师和学生带来了新的机遇和挑战。通过有效地利用这项技术，可以极大提升体育教学的质量和效果，激发学生的学习热情，培养他们的体育技能。

第三节　计算机运动技术评价系统的应用

随着科技的快速进步，计算机运动技术评价系统已经成为体育领域一个创新且关键的工具。这个系统利用高级计算机算法和传感器技术分析和评估运动员的运动表现，从而提供精确的数据支持和反馈。在体育训练和竞赛中的广泛应用不仅提高了训练的效率和科学性，而且极大提升了运动员和教练之间的互动质量。

计算机运动技术评价系统通过捕捉运动员在训练或比赛中的动态数据，利用视频分析、生物力学传感器、心率监测器等技术手段，实时记录运动员的运动状态和表现。这些数据经过系统分析后，可以为教练团队提供运动员体能状态、技术动作准确性、运动效率等多方面的客观评估。这种科技的应用对于制订个性化训练计划、预防运动伤害、优化竞技状态具有不可替代的重要性，是现代体育科技发展的一个重要成果。

一、计算机运动技术评价系统概述

计算机运动技术评价系统是运动科学领域的一项革命性技术，它结合了先进的传感技术、数据采集以及计算机视觉等多种技术，为运动技能的评估和分析提供了科学、精确的方法。本节将详细定义这一系统，解析其技术框架和工作原理，并讨论其在运动技能分析和评价中的通用应用。

（一）定义计算机运动技术评价系统

计算机运动技术评价系统是一种高度先进的技术工具，它通过集成传感器、摄像头以及其他设备捕捉运动过程中的动态数据。这些设备能够以高精度和高频率记录运动员在训练或比赛中的每个动作，从基本步伐到复杂的技巧执行。

数据一旦被捕获，专门设计的软件应用程序则对这些信息进行深入处理和分析。这些软件应用程序利用先进的算法解读数据，分析运动员的运动模式、力量输出、耐力和技术效率。通过这种分析，系统能够提供详尽的可视化反馈，这对于教练和运动员来说至关重要。

这种详细的可视化反馈能使教练精确地了解运动员在执行特定运动技能时的表现质量。例如，通过分析跑步时的步态，教练可以指导运动员如何调整步伐以提高速度并减少受伤风险。同样，通过观察举重运动员的举重技巧，教练可以发现可能导致效率低下或伤害的技术错误。

此外，计算机运动技术评价系统不仅可以用于技术改进，还可以优化训练和比赛策略。通过长期追踪和比较数据，教练可以根据运动员的性能变化制订或调整训练计划。这种方法使训练更加注重个性化和目标导向，有助于最大化运动员的潜能和成绩。

计算机运动技术评价系统因能提供精确和实时的反馈而变得不可或缺，成为现代运动训练中的一项重要技术。这个系统的应用不仅限于高级竞技运动，也逐渐被应用于业余运动和健身训练，帮助更广泛的人群科学地了解和改善他们的运动表现。

（二）计算机运动技术评价系统的技术框架和工作原理

1. 数据采集设备

数据采集设备包括各种传感器、摄像机、运动捕捉装置等，用于实时捕捉运动员的运动数据。这些设备能够记录从简单的位置和速度数据到复杂的生物力学参数，如关节角度、肌肉力量以及运动员的心率和呼吸频率。例如，运动捕捉装置可以通过附着在运动员身上的传感器捕捉详细的运动轨迹，而高速摄像机则可以捕捉快速运动中的细微变化，为后续分析提供丰富的视觉数据。

2. 数据处理单元

数据处理单元是计算机运动技术评价系统的核心，接收从数据采集设备收集的原始数据，并利用预设的算法进行处理。这包括数据的清洗、整合与转换，以便进行进一步的分析。数据处理单元的任务是确保数据的准确性和可用性，去除噪声和不相关的信息，从而为分析提供高质量的数据基础。例如，在处理跑步数据时，计算机运动技术评价系统可能需要滤除非运动期间的数据，如休息或准备阶段的记录。

3. 分析和评价软件

软件应用程序利用处理后的数据，通过模型和算法对运动员的运动技能和表现进行详细分析。软件通常提供用户友好的界面，展示分析结果，如动作的精确度、力量输出和效率等。这可以包括热图、动作重现、力量曲线图等多种形式，使教练和运动员直观地看到每项技能的执行质量和可能的改进区域。

4. 反馈机制

计算机运动技术评价系统提供实时或事后反馈给教练和运动员，帮助他们理解运动表现中的优势和需要改进的地方。实时反馈允许教练在训练过程中立即调整指导策略，而事后反馈则可用于更全面地评估和训练计划调整。反馈内容可以是简单的数值指标，也可以是复杂的分析报告，甚至是虚拟重现的运动场景，使运动员直观地看到自己的表现并理解如何改进。

通过这些精密的组成部分，计算机运动技术评价系统为运动训练和竞赛提供了科学、系统的技术支持，极大提高了运动表现的分析和训练的专业性。

（三）计算机运动技术评价系统在运动技能分析和评价中的通用应用

计算机运动技术评价系统在运动技能分析和评价中的应用是多方面的，提供了精确和实时的数据，使运动技能的提升、伤害预防和比赛策略制定变得更科学和系统化。

1. 技能改进

计算机运动技术评价系统能够提供关于运动员动作技术的详尽反馈，并指出具体的改进点，如动作的协调性、平衡性和力量分布等。例如，在游泳或田径中，通过高速摄像和传感器数据，系统可以精确分析运动员的每个动作周期，比如，腿部的蹬力强度和手臂的挥动角度。这些数据不仅能帮助运动员和教练理解技术执行的准确性，还能通过对比分析与理想模型的偏差，提供有针对性的改进建议，从而提高整体表现。

2. 伤害预防

通过分析运动员的运动模式和负荷分布，计算机运动技术评价系统能够帮助识别潜在的伤害风险，从而调整训练计划以预防伤害的发生。这包括监测过度使用的迹象，如某些肌肉组或关节承受不当的压力。例如，跑步运动员的步态分析可以揭示不平衡的地面反力，可能导致膝盖或脚踝伤害。通过及时调整训练内容和方法，如加强特定肌群的力量训练或改变跑鞋，可以有效减少伤害风险。

3. 比赛策略制定

在竞技体育中，计算机运动技术评价系统可以分析对手的运动特点和技术策略，帮助教练团队制定更有效的比赛策略。这种分析不仅基于对手的历史数据，还可能包括实时比赛中的动态评估。例如，在网球或篮球比赛中，通过分析对手的打球习惯、位置偏好和体能状态，教练可以调整运动员的战术布局，如调整防守强度或变化进攻路线，以期最大化利用对手的弱点。

通过这些先进的技术手段，计算机运动技术评价系统不仅提高了训练的效率和效果，还为运动员提供了全面的竞技支持，增强了运动表现和安全性。这个系统的应用正在逐渐改变运动训练和竞赛的面貌，使之变得更加注重数据驱动和结果导向。

总之，计算机运动技术评价系统通过提供精确的数据支持和科学的分析工具，极大提高了体育训练和比赛的科学性和效率，成为现代体育领域不可或缺的一部分。

二、计算机运动技术评价系统的功能与优势

计算机运动技术评价系统通过集成先进的技术，提供了多样的功能，以满足体育训练和教学的需求。计算机运动技术评价系统的主要功能包括运动捕捉、数据分析和性能评估，这些功能共同工作，可以提高教学质量和精确评估学生的体育性能。此外，该系统还能帮助教练和教师在训练过程中做出更科学的决策。以下将详细介绍这些功能及其带来的优势。

（一）计算机运动技术评价系统的主要功能

1. 运动捕捉

运动捕捉功能通过使用高精度摄像头、传感器和其他追踪设备捕捉运动员在训练或比赛中的动作。这些设备能够实时记录运动员的身体动作、速度、加速度等关键数据，为后续的数据分析提供原始输入。这种高级的运动捕捉技术能精确捕获复杂的动作细节，如关节的角度变化、肌肉的活动和身体各部分的相对运动，这些数据对于科学训练至关重要。例如，在体操或舞蹈训练中，运动捕捉可以帮助教练精确分析动作的流畅性和协调性，从而指导运动员进行更精确的技术调整。

2. 数据分析

计算机运动技术评价系统采集的数据通过强大的分析工具进行处理，这些工具应用复杂的算法对数据进行深入分析，识别运动模式，评估动作的效率和技术准确性。数据分析功能不仅可以帮助理解运动员的技术执行细节，还可以用于监测训练进度和身体适应性。高级数据分析能够揭示不易察觉的运动习惯或潜在的风险因素，如某个动作可能导致的非对称压力分布，这对于预防运动伤害至关重要。同时，分析结果可以直观地展示在图表或动画中，使运动员和教练直观理解问题并制定相应的改进策略。

3. 性能评估

计算机运动技术评价系统提供了一套综合性能评估工具，可以根据预设的标准或

基准测试运动员的表现。性能评估结果有助于比较不同时间点的训练效果,从而评定训练计划的有效性。这包括但不限于时间跨度内的技能提升、力量增长、耐力改进和其他关键生理指标的变化。例如,在赛季前后进行的性能评估可以显示运动员的体能状态和技术水平的变化,为教练提供是否需要调整训练强度或焦点的依据。此外,这些评估也可以作为运动员个人成长档案的一部分,用于目标设定和职业发展规划。

通过这些高级功能,计算机运动技术评价系统为运动员提供了全面的技术支持,帮助他们科学训练,达到最佳竞技状态,同时减少受伤风险。

(二) 计算机运动技术评价系统的优势

1. 提高教学质量

通过精确的运动捕捉和数据分析,教师可以获得关于学生运动表现的详尽反馈,这些信息有助于教师更好地理解学生的学习需求和进步空间。利用这些数据,教师不仅能识别学生在技术上的弱项,例如,动作的不准确或力量应用的不充分,还能观察到可能影响学生表现的行为模式和心理因素。因此,教师可以更有针对性地调整教学方法和内容,例如,通过引入更多示范、增加视觉辅助或调整难度级别,使教学更加个性化和高效。此外,这种方法还促使教师持续改进教学策略,从而提升整体教学质量和学生满意度。

2. 精确评估学生体育性能

计算机运动技术评价系统提供的性能评估工具能够客观地量化学生的运动技能和体能水平,这种科学评估有助于公正地比较学生之间和学生自身不同时间的表现。通过记录和分析详尽的性能数据,如速度、耐力、技术精度以及其他关键生理指标,系统不仅可以帮助教师监测学生的进步,也使学生本人清晰地看到自己的成长轨迹。这为学生的体育学习成就提供了准确的衡量标准,并激励学生设定具体的目标,致力于持续改进。此外,这些数据也可用于学校体育部门的课程评估和资源分配,确保教育资源有效地支持学生的体育发展。

(三) 帮助教练和教师在训练中做出科学决策

1. 科学决策支持

通过实时数据分析和趋势预测,教练和教师可以更好地理解哪些训练方法有效,哪些训练方法需要改进。这种基于数据的决策支持系统使教练基于科学证据制订训练计划，而不是单纯依赖经验或直觉。通过综合考虑运动员的生理数据、表现统计和历史表现趋势，这些系统可以提供综合的分析报告和推荐，指出训练中可能忽略的潜在问题或突出效果的训练方法。例如，分析可能表明特定的力量训练对提高短跑速度特别有效，或者某种特定的恢复协议可以显著减少受伤风险，从而使教练调整训练计划以优化运动员的整体表现和健康。

2. 定制化训练方案

计算机运动技术评价系统能够识别每个学生的强项和弱项，帮助教练为每位学生制定符合其具体需求的定制化训练方案。这种个性化的训练方法可以提高学生的参与度和训练的有效性，从而加快技能提升速度。通过深入分析每位学生的运动技能、生理反应和反馈，教练可以设计出既具挑战性又符合个人能力的训练任务，确保每个学生都能在自己的最佳状态下训练。个性化训练不仅可以适应每位学生的独特需求，还可以调整难度和强度，以匹配他们的个人发展速度和学习风格。这样的方法不仅能提高学生的动力和满意度，还能有效提升训练的针对性和成效，避免'一刀切'的通用训练方法可能带来的效率低下或过度训练的风险。

通过上述功能和优势，计算机运动技术评价系统在体育教学和训练中展示了不可替代的价值。它不仅提升了教学和训练的质量，还赋予了教师和教练更大的能力来优化训练过程和提升学生的体育表现。

三、教学应用实例

在体育教学中，利用现代技术系统可以显著提升学生的学习效果和技能发展。以下是系统在不同体育项目中的实际应用案例，包括田径、游泳和球类运动等。

(一) 田径

在田径教学中，系统能够通过高速摄像机和运动捕捉技术分析学生的跑步姿势和技巧。这些技术允许教练员以前所未有的细节和精度观察学生的每一步运动。例如，在短跑训练中，系统通过记录和分析起跑、加速及冲刺阶段的动作，提供个性化的反馈和建议，帮助学生理解如何有效地使用腿部力量，提高起步和加速的技巧。

这种技术的应用不仅限于基本技能的教学。它还可以在更高级的训练中发挥作用，如技术矫正和优化。通过详尽的动态分析，教练可以精确地指出学生在技术执行中的不足之处，如步频、步幅以及身体的对称性和平衡。例如，通过分析运动员的步幅和脚步着地点，教练可以指导运动员调整其跑步节奏和身体重心，以减少能量损失和提高速度。

此外，这些数据不仅有助于单次训练的反馈，还可以用来追踪长期的训练效果。通过长时间收集的数据，系统可以帮助教练员观察学生的进步趋势，评估训练方案的有效性，并据此调整教学策略。这种方法使训练更加科学化，能够根据运动员的实际表现和进步制订个人化的训练计划。

这种精确的数据反馈使教练针对每个学生的具体需求进行指导，从而提升整体表现。例如，对于起跑阶段反应较慢的学生，教练可以利用系统分析得出的具体数据，如反应时间和初始几步的力量输出，设计特定的力量和爆发力训练，以帮助学生在比赛中获得更好的起跑表现。

通过系统化训练和反馈，田径教学不仅可以更有效地提高学生的技术水平，还可以加深学生对田径运动科学性和系统性的认识，激发他们对运动的兴趣和投入。

（二）游泳

在游泳教学中，系统利用水下摄像机和生物力学分析工具评估学生的泳姿。这些高科技设备能够捕捉泳者在水中的每个细微动作，从手臂划水方式到腿部踢水频率，甚至呼吸技巧，都可以进行详细的分析。

通过对泳者的手臂划水方式进行分析，系统可以评估其手臂的入水角度、水的抓取效率以及划水的深度和速度，这些都是影响游泳效率的关键因素。例如，一个学生的划水过浅或过快，可能会导致力量的浪费和速度的下降。系统通过精确的数据分析，能够指出效率低下的动作，并给出具体的改进建议，如调整手臂的入水角度或改变划水的节奏。

对于腿部踢水频率的分析，系统可以帮助学生优化腿部动作的力量输出和节奏，以提高推进效率。不恰当的踢水频率不仅会增加疲劳，还可能减慢泳速。系统的反馈可以帮助学生找到最佳的踢水频率，以保持稳定的速度和更好的耐力。

呼吸技巧是游泳中的另一个关键技能，正确的呼吸时机和方式可以显著提高泳速并减少疲劳。系统通过分析学生的呼吸模式，可以指出呼吸过频或过缓的问题，并建议如何在各个泳姿中有效地进行呼吸。

此外，系统还能追踪学生的进步，通过对比不同时间点的表现，直观展示学习成效的提升。这种可视化的进展展示不仅验证了学生的努力，也极大增强了学生的学习动力和信心。学生能够看到自己每次练习后的具体改进，这种正向反馈是激励持续练习和改进技术的强大动力。

通过这种综合的技术支持，游泳教学变得更加科学和高效，能够为学生提供精确的个性化指导，帮助他们更快地掌握技能、提高游泳表现。

（三）球类运动

在篮球、足球等球类运动的教学中，系统的应用主要集中于球技和团队协作能力的提升。这类体育活动不仅需要个人技能的精确执行，还需要团队间高效地协作与战略运用。通过先进的视频分析技术，教练可以详细审视每个游戏片段，从传球到射门，再到防守策略，每个动作都被仔细分析以识别潜在的不足。

例如，系统通过分析视频录像，可以准确识别出传球力度不足或射门角度不佳等技术性错误。在足球训练中，如果一个球员在进攻时反复未能准确传球，系统会标记这些事件，并分析可能的原因，如脚部接触球的角度或力度控制问题。教练可以利用具体的反馈信息，直观地向学生展示如何调整步骤和体态提高传球的准确性和效率。

同时，系统能评估团队协作中的位置运动和空间利用，这对于制定战术至关重要。在篮球训练中，通过跟踪每位球员在场上的运动路径，系统可以帮助教练分析球队成员之间的配合如何影响防守和进攻效率。教练可以看到哪些区域的球员过于拥挤，哪些区域未被有效利用，从而调整战术，指导球员如何改善位置感和空间感，以更好地控制比赛节奏和场上局势。

此外，这种技术的应用也扩展到了模拟对抗训练中，教练可以设置特定的游戏情境，让球员在模拟的压力下练习如何更好地执行技巧和战术。这不仅提高了训练的趣味性，也使球员在非实战的环境中练习应对实战的各种可能情况。

通过系统化和科技化教学，球类运动训练变得更加精确和高效，能够系统地提升学生的技术水平和团队协作能力，为竞技体育的高水平表现打下坚实的基础。

通过这些具体的教学应用实例，可以看到技术系统在体育教学中不仅提高了教学的科技含量和专业性，也极大提升了学生的学习效率和技能水平。这种结合传统体育教学与现代科技的方法，正在逐渐成为体育教学领域的新常态。

四、教师与学生的互动

随着现代技术系统的引入，体育教育的教学策略和方法正在经历一场变革。这些变化不仅改善了教师的教学方式，也极大提高了学生的参与度和学习动机。

（一）系统如何改变教师的教学策略和方法

当引入先进的教学系统后，教师能够更加灵活和精确地设计课程和训练计划。这种变革在教学方法和策略上带来了根本性的提升。例如，利用数据分析工具，教师可以实时获取学生的表现数据，并根据这些数据调整教学计划，以适应每个学生的个性化需求。这使教学过程不再是'一刀切'的模式，而是变得高度个性化，每个学生都能得到针对其特定强项和弱项的指导。

这种基于数据的教学方法不仅提高了教学效率，也使教师更系统地管理课程内容和学生进度。例如，数据显示一个学生在某个特定领域如数学问题解决中表现不佳，教师可以及时介入，提供额外的资源和支持，如定制化的练习或一对一的辅导，以帮助学生克服困难。同时，这允许教师在学生掌握了某项技能后迅速调整课程焦点，转向需要更多练习的新领域。

此外，这个教学系统还增强了教师对教学过程的洞察力。通过详尽的数据分析，教师可以更深入地理解教学活动的有效性，并识别哪些教学方法最能提高学生的学习兴趣和参与度。这些信息可以用来优化教学策略，例如，采用更多互动式或项目基础的学习活动，以提高学生的积极性和课程的整体吸引力。

总之，先进的教学系统通过提供实时、精确的反馈和深入的数据分析，赋予教师前所未有的能力定制和优化教学计划。这不仅加强了学生的学习体验，提高了教学成果，也极大提升了教学过程的透明度和可预测性，确保每个学生都在学习中获得最大的支持和价值。

（二）提高学生的参与度和体育学习动机

技术系统通过提供互动性强和反馈即时的学习工具，极大提升了学生的参与度。例如，使用虚拟现实技术模拟不同的体育活动场景，学生可以在充满乐趣的环境中学习技能。这种新奇的学习方式不仅让学生从传统的教学方法中解放出来，还让他们以全新的视角和方式体验运动，从而显著提高学生的学习动机。无论是虚拟滑雪、足球比赛还是体操训练，虚拟现实技术使学生身临其境地体验各种体育运动，提高了学习的实际感和趣味性。

此外，系统能提供个性化的进度跟踪和奖励机制，激励学生达成个人目标，进一步增加了学习的吸引力。通过这种方式，学生的每个进步都被系统记录和肯定，无论是达成一定的训练里程碑还是完成特定技能的挑战。例如，学生可能会获得数字徽章、积分或解锁新的训练级别，这些成就会在学生的个人档案中展示，鼓励他们继续努力并挑战自我。这种即时的正面反馈不仅增强了学习的即时满足感，也有助于构建学生的长期学习动力和自我效能感。

这种技术驱动的教学系统改变了学生的学习环境和方式，使学习过程更加动态和互动。通过结合技术与体育，教育者可以更好地吸引学生的注意力，激发他们的兴趣，同时有效地促进学生在体育学习上的自我驱动和自我提升。这样的系统不仅提高了学生在体育领域的技能和知识水平，更重要的是，提高了他们对体育活动的整体热情和参与度。

（三）教师和学生对系统的接受度和使用反馈

对于这些技术系统的接受度，教师和学生的反馈普遍积极。多数教师认为这些系统使教学更加高效、有趣，并能更好地满足学生的不同学习需求。教师特别赞赏这些系统在个性化教学和提供即时反馈方面的能力，这不仅帮助他们更准确地评估学生的表现，也使教学计划更加灵活，能够根据学生的进展和反应进行调整。此外，教师还指出，通过这些先进的技术，他们能够引入更多互动与合作的元素到体育课程中，这极大增强了课堂的参与感和动态性。

学生则反馈，这类系统使体育学习变得更加生动和直观，他们能够更快地掌握技能并看到自己的进步。学生特别欣赏能够通过视觉化的数据看到自己每次练习的具体成果，这极大提升了他们的学习动机和满足感。例如，通过虚拟现实技术或视频分析工具，学生可以直观看到自己在足球踢球或篮球投篮技巧上的微小进步，这些正面的反馈对他们的持续练习和技能提升至关重要。

然而，也有一部分人表示对新技术的适应需要时间，尤其是在使用初期可能会遇到操作上的挑战。一些教师和学生初次使用时可能会感到不习惯或困惑，尤其是对于那些不太熟悉现代技术的用户。例如，学习如何正确设置和操作软件、解读数据输出可能会有一定的学习曲线。因此，教育机构通常需要提供充足的培训和技术支持，以帮助教师和学生克服障碍，确保技术的有效利用。

总的来说，尽管存在一定的适应挑战，但这些先进的技术系统在教育界的整体接受度和反馈仍然非常积极。随着用户逐渐熟悉这些系统的操作，它们的潜力在教学和学习中得到更广泛的认可和利用，预示着教育技术在体育领域的光明未来。

通过这些讨论，我们可以看出，技术系统在改善体育教育的教学策略和方法、提高学生的参与度和学习动机方面发挥了重要作用。同时，虽然存在一定的挑战，但整体上教师和学生对这些系统的接受度和反馈是积极的。

参考文献

[1] 李秀．高职公共体育课程教学研究［M］．西安：陕西科学技术出版社，2021.

[2] 王海棠．高职院校体育工作组织与管理生态研究［M］．北京：中国青年出版社，2021.

[3] 黄燕飞．新时代高职学生休闲体育倾向特征研究［M］．杭州：浙江工商大学出版社，2019.

[4] 刘会平．高职体育专业课程体系构建与实施基于现代学徒制视域［M］．上海：上海社会科学院出版社，2023.

[5] 吴棠．高职体育与健康课程教学及实践研究［M］．长春：吉林人民出版社，2017.

[6] 胡文娟．高职院校篮球教学研究［M］．长春：吉林人民出版社，2020.

[7] 荣长海．新时代高职院校评价体系研究［M］．天津：天津社会科学院出版社，2021.

[8] 曹丹．体育健康与体育教育学研究［M］．天津：天津科学技术出版社，2018.

[9] 徐英，李瑞芹，王金升．新时期高职院校公共课教学研究［M］．长春：吉林人民出版社，2021.

[10] 潘尚莲．高职院校体育教育现状与发展研究［M］．北京：线装书局，2012.

[11] 王虹．新时代体育舞蹈创作与研究［M］．长春：吉林文史出版社，2019.

[12] 王玉富，席光庆，赵紫衡．高职院校职业实用性体育教程［M］．北京：新华出版社，2015.

[13] 曾永忠，董伦红．高职体育课程体系改革与构建研究［M］．武汉：华中师范大学出版社，2009.

[14] 董新军．社区公共体育服务供给侧改革研究［M］．长春：吉林人民出版社，2019.

[15] 董一凡，牟少华．高校体育教育研究［M］．昆明：云南大学出版社，2010.

［16］胡茂成．高职高专教育研究［M］．武汉：湖北人民出版社，2005.

［17］柴庆平，邹学忠．高职教育研究论文集［M］．沈阳：沈阳出版社，2011.

［18］崔显艳，魏勇军，李艳．高职大学生综合素质养成攻略［M］．成都：西南交通大学出版社，2018.

［19］张外安，孙洪涛，蒋先龙．体育科学研究［M］．长沙：湖南大学出版社，2004.

［20］石征凯．新时代高职学生体质发展新探索［M］．沈阳：辽宁大学出版社，2019.

［21］韩毅．高职院校人文环境研究［M］．北京：中央文献出版社，2007.

［22］李瑞明．高职教育教学研究与实践［M］．西安：陕西科学技术出版社，2008.

［23］吴东方．中国体育舞蹈科学理论与研究［M］．武汉：武汉大学出版社，2012.

［24］孔庆祥，相如杰，杨军，等．高职教育的思考与探索［M］．沈阳：东北大学出版社，2000.